社区·健康·安全·环保

上海市健康安全环境研究会

上海市金山区社区学院　　组织编写

生活中的 HSE

——社区健康安全环保知识读本

毕玉龙　编著

蔡东升　参编

西安电子科技大学出版社

内 容 简 介

  本书介绍了 HSE 的概况及其在社区建设中的应用。全书共分四部分及一个附录。四部分分别为概况篇、健康社区篇、平安社区篇、绿色社区篇，详细地介绍了营养与保健、心理健康、疾病预防、食品安全、信息安全以及家用电器选购等方面的知识，提供了危机识别与预防的具体方法。最后，本书以绿色社区为核心，阐述了环境教育与环境保护方面的内容。

  本书结构合理、内容翔实、通俗易懂，从实际角度出发，将国际上先进的 HSE 管理理念运用到了我们日常的生活中，集知识性、实用性为一体，可作为社区管理者构建和落实社区 HSE 管理体系的参考手册，也可作为社区居民增强健康、安全和环保意识的科普读本。

图书在版编目(CIP)数据

生活中的 HSE：社区健康安全环保知识读本/毕玉龙编著. —西安：
西安电子科技大学出版社，2018.3
ISBN 978 - 7 - 5606 - 4830 - 9

Ⅰ. ① 生… Ⅱ. ① 毕… Ⅲ. ① 社区建设－研究－中国
Ⅳ. ① D 669.3

中国版本图书馆 CIP 数据核字(2018)第 011163 号

策　　划　马　琼
责任编辑　孙雅菲　马　琼
出版发行　西安电子科技大学出版社(西安市太白南路 2 号)
电　　话　(029)88242885　88201467　　邮　编　710071
网　　址　www.xduph.com　　　　电子邮箱　xdupfxb001@163.com
经　　销　新华书店
印刷单位　陕西华沐印刷科技有限责任公司
版　　次　2018 年 3 月第 1 版　2018 年 3 月第 1 次印刷
开　　本　787 毫米×960 毫米　1/16　印张　12.75
字　　数　194 千字
印　　数　1～3000 册
定　　价　26.00 元
ISBN 978 - 7 - 5606 - 4830 - 9/D
XDUP 5132001 - 1

序

　　中华民族历来有注重保健养生、出入平安、维护生态的传统。但是，在战乱频繁、灾祸不断、衣食无着的年代，对于绝大多数人来说，HSE（健康、安全、环境）是可望而不可及的。在中国共产党的领导下，经过长期艰苦卓绝的奋斗，今天，中国人民终于告别了缺衣少食的时代，开始追求更高质量、更有尊严的生活。

　　党的"十九大"报告指出，我国社会主要矛盾已经转化为人民日益增长的美好生活需要和不平衡不充分的发展之间的矛盾。作为幸福生活基本前提的 HSE 也就自然而然地走进人们的视野，并且成为全社会关注的热点。我们每一个中国人，都有责任为创造更高水平的 HSE 贡献一份力量。这就是本书编撰的动力和初衷。

　　与计划经济时代人人都是"单位人"不同，如今，人们居家生活、交流互动、参与社会活动的主要场所在社区。社区已经成为"社区人"共同关心的"热土"，社区教育已经成为人们接受继续教育的重要渠道。本书把"社区人"作为传播 HSE 知识、理念的主要对象，无疑顺应了新时代社会形态深刻变化的趋势。这应是本书编者通过深层思考之后进行的视角选择和受众设计。

　　当人们为因缺乏基本自救常识的母子一同葬身火海而扼腕叹息时，或者为弱冠之年的兄长因具备基本的逃生技能，帮助妹妹一同成功脱险而兴奋不已时，作者都会产生一种冲动，那就是要尽快普及 HSE 知识和技能。因为，或许就是在这一动一静、一念一步之间，许多人就有了美好的明天，成千上万个家庭就充满了温馨和快乐。这是本书问世的根本意义。

作为初步尝试之作，本书无论是结构还是内容都有进一步提升的空间。但瑕不掩瑜，因为她的初衷、意义，她的诚意、爱心，一定会受到广大社区民众的欢迎和社区工作者的青睐，并在社会各界的关心呵护下日趋完善。

杨应崧

2018 年 1 月 20 日于上海

"生活中的 HSE·社区健康安全环保知识读本"
编写委员会

编　著　毕玉龙

参　编　蔡东升

编　委　王秀美　张雅茹　章　艳　陶　明　潘伟东
　　　　杨惠忠　范　红　潘灵玲　包　洁

前 言
Preface

十九大报告中，"人民"二字重千钧，给人们留下了深刻的印象。面对人民日益增长的美好生活需求，报告提出了一系列具体的目标和举措。报告指出，在全面建成小康社会的基础上，努力建设富强、民主、文明、和谐、美丽的社会主义现代化强国。

社区作为社会的基础细胞，其建设和管理质量与每一位社区居民的健康、平安和幸福息息相关。推进特色社区建设，更应当充分领悟十九大精神并认真贯彻落实。在社区建设中，通过融合健康、安全、环境（以下简称 HSE）管理理念，力争让每个居民都能积极参与到创新社区的建设中来，共同为构建和谐、健康、平安、绿色社区贡献自己的力量。这也是本书诞生的原动力。

本书分为四个部分及一个附录。四部分分别为概况篇、健康社区篇、平安社区篇、绿色社区篇。全书以 HSE 理论知识体系介绍为着眼点，重点阐述如何运用 HSE 管理体系推动特色社区建设工作，最终目标是打造健康、平安、绿色的社区环境，营造和谐、幸福的生活氛围。

本书亮点突出，定位明确，从生活的不同方面阐述了健康、安全、环保的重要性，强调了 HSE 科学管理体系的先进知识及其在特色社区建设中的运用，旨在帮助更多的居民认识 HSE，并且身体力行地实践 HSE 知识，以期让社区居民积极参与，共同创建文明、规范、和谐的社区环境。

　　本书历时五个月成书。作者设计调研问卷，以上海市所有乡镇、街道、居委会的社区居民为受众，住房保障和房屋管理局、安监局、市场监督管理局、消防局、民防办、文明办及社区办等各相关职能部门分工进行调研。调研员深入到民众中去，广泛搜集，认真梳理，总结出社区老百姓真实的需求，然后基于国际先进的 HSE 管理理念，将社区居民面对的健康、安全、环境方面的零碎知识有机结合，整理成一本适用于社区居民的简明读本。相信通过大家的共同努力，我们的城市将会更健康、更安全、更环保！我们的国家将会更富强、更民主、更和谐！

毕玉龙

2017 年 12 月

目 录
Contents

第一部分　概　况　篇

第一节　HSE 简介

一、HSE 的定义

在"HSE"中，"H"是"Health"（健康）的缩写。根据世界卫生组织（World Health Organization，WHO）的定义，健康是一种身体上、精神上的完满状态，以及良好的适应力，而不仅指没有疾病和非衰弱的状态。也就是说，这里所讲的"健康"是指身心健康。一个人只有在躯体健康、心理健康、社会适应和道德健康四方面都健全，才是完全健康的人。"S"是"Safety"（安全）与"Security"（安全）的缩写，是指不受威胁，没有面临危险、危害、损失的状态，也就是人类的整体与生存环境、资源和谐相处，互不伤害，不存在危险、危害的隐患，免除了不可接受的损害风险的状态；是在人类生产过程中，将系统的运行状态对人类的生命、财产、环境可能产生的损害控制在能接受的水平以下的状态。"E"是"Environment"（环境）的缩写，既包括大气、水、土壤、植物、动物、微生物等物质因素，也包括观念、制度、行为准则等非物质因素；既包括自然因素，也包括社会因素；既包括非生命体形式，也包括生命体形式。环境是相对于某个主体而言的，主体不同，环境的大小、内容等也就不同。

二、HSE 的发展历程

在工业发展初期，由于生产技术落后，人类为了自身的发展，对自然资源进行了

1

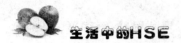

盲目的索取和破坏性的开采，却没有意识到这种生产方式会对人类造成深层次的负面影响。随着人类社会的发展，各类重大事故的发生对安全工作的深化发展与完善起到了巨大的推动作用，引起了工业界的普遍关注。同时，人们认识到化工行业是高风险的行业，必须进一步采取有效措施和建立完善的健康、安全、环境（以下统称HSE）管理系统，以减少或避免重大事故和重大环境污染事件的发生。

由于对 HSE 中三个方面的管理在原则和效果上彼此相似，在实际管理过程中，三者之间又有着密不可分的联系，因此有必要把安全、环境和健康纳入一个完整的管理体系。

20 世纪末，HSE 活动在全球范围内迅速展开。1991 年，壳牌公司颁布 HSE 方针指南。同年，在荷兰海牙召开了第一届油气勘探、开发的 HSE 国际会议。1994 年在印度尼西亚的雅加达召开了油气开发专业的 HSE 国际会议。HSE 管理体系是现代工业发展到一定阶段的必然产物，它的形成和发展是现代工业多年工作经验积累的成果。HSE 管理体系作为一个新型的管理体系，得到了世界上许多大公司的认可，从而成为现代公司共同遵守的行为准则。

美国杜邦公司是世界 200 家大型化工公司中的第一大公司，该公司在 50 多个国家和地区共设有 200 多家子公司，公司雇员约有 20 万人。杜邦公司的 HSE 管理、企业经营管理和安全管理都已达到国际一流水平。荷兰皇家石油公司/壳牌公司集团是世界四大石油石化跨国公司之一，该公司拥有员工 4 万余人。1984 年，该公司学习美国杜邦公司先进的 HSE 管理经验，并取得了显著成效。英国 BP-Amoco（BP 集团）追求并实现了出色的 HSE 表现，对 HSE 表现的承诺是该集团五大经营政策之一。BP集团对 HSE 表现的承诺是：每一位 BP 的职员，无论身处何地，都有责任做好 HSE工作。良好的 HSE 表现是事业成功的关键，其目标是无事故、无害于员工健康、无损于环境。

三、HSE 管理体系

（一）HSE 管理体系的理念

HSE 管理体系所体现的管理理念是先进的，这也正是它值得在组织的管理中进行广泛推行的原因。它主要体现了以下的管理思想和理念。

1. 注重领导承诺的理念

领导和承诺是 HSE 管理体系的核心，承诺是 HSE 管理的基本要求和动力。自上而下的承诺和企业 HSE 文化的培育是体系成功实施的基础。

2. 体现以人为本的理念

组织在开展各项工作和管理活动的过程中，始终贯穿着以人为本的思想，在保护人的生命的角度和前提下，使组织的各项工作得以顺利进行。人的生命和健康是无价的，工业生产过程中不能以牺牲人的生命和健康为代价来换取产品。

3. 体现预防为主、事故可以预防的理念

我国安全生产的方针是"安全第一，预防为主"，然而一些组织在贯彻这一方针的过程中并未落到实处。而 HSE 管理体系始终坚持对各项工作事前预防的理念，即贯穿所有事故都可以预防的理念。美国杜邦公司的成功经验是：所有的工伤和职业病都是可以预防的；所有的事件及小事故或未遂事故均应进行详细调查，最重要的是通过有效的分析，找出真正的起因，指导今后的工作。事故的发生往往由人的不安全行为、机械设备的不良状态、环境因素和管理上的缺陷等引起。在一些组织中虽然沿袭了某些好的做法，但没有系统化和规范化，缺乏连续性，而 HSE 管理体系系统地建立了预防的机制，如果能切实推行，就能建立起长效机制。

4. 贯穿持续改进和可持续发展的理念

HSE 管理体系贯穿着持续改进和可持续发展的理念，也就是人们常说的，没有最好，只有更好。该体系建立了定期审核和评审的机制。每次审核要对不合格的项目实施改进，不断完善，按 PDCA 循环模式运行，使体系始终处于持续改进的状态，实现组织的可持续发展。PDCA 是单词 Plan(计划)、Do(执行)、Check(检查)和 Action(实施行动)的首字母，PDCA 循环就是按照这样的顺序进行质量管理，并且循环不止地进行下去的科学程序。

5. 体现全员参与的理念

安全工作是全社会的工作。HSE 管理体系充分体现了全员参与的理念。在确定各岗位的职责时、在进行人员培训时、在进行审核和危害辨识时都要求全员参与。通

过广泛的参与，形成组织的 HSE 文化，使 HSE 理念深入到每一位员工的思想深处，并转化为每一位员工的日常行为。

（二）HSE 管理体系的基本要素

HSE 管理体系的基本要素及相关部分分为三大块：核心和条件部分、循环链部分、辅助方法和工具部分。

1. 核心和条件部分

核心前文已描述过，即良好的 HSE 表现所需的人员组织、资源和文件是体系实施和不断改进的支持条件。条件部分虽然也参与 PDCA 循环，但通常具有相对的稳定性，是做好 HSE 工作必不可少的重要元素，且通常由高层管理者或相关管理人员制定和决定。

2. 循环链部分

（1）方针和目标：对 HSE 管理的意向和原则的公开声明，体现了组织对 HSE 的共同意图、行动原则和追求。

（2）规划：具体的 HSE 行动计划，包括了计划变更和应急反应计划。

（3）评价和风险管理：对 HSE 关键活动、过程和设施的风险的确定和评价，及风险控制措施的制定。

（4）实施和监测：对 HSE 责任和活动的实施和监测及必要时所采取的纠正措施。

（5）评审和审核：对体系、过程、程序的表现、效果及适应性的定期评价。

（6）纠正与改进：不作为单独要素列出，而是贯穿于循环过程的各要素中。

循环链是 PDCA 循环模式的体现，企业的安全、健康和环境方针、目标通过这一过程来实现。除 HSE 方针和战略目标由高层领导制定外，其他内容通常以企业的作业单位或生产单位为主体来制定和运行。

3. 辅助方法和工具

辅助方法和工具是为有效实施管理体系而设计的一些分析、统计方法。

由以上分析可以看出，各要素有一定的相对独立性，分别构成了核心、基础条件、循环链的各个环节；各要素又是密切相关的，任何一个要素的改变必须考虑到对其他要素的影响，以保证体系的一致性；各要素都有深刻的内涵，大部分有多个二级要素。

（三）HSE 管理体系的目的

HSE 管理体系的目的为：

（1）满足政府对健康、安全和环境方面的法律、法规要求。

（2）为企业提出的总方针、总目标以及各方面具体目标的实现提供保证。

（3）减少事故发生，保证员工的健康与安全，保护企业的财产不受损失。

（4）保护环境，满足可持续发展的要求。

（5）提高原材料和能源利用率，保护自然资源，增加经济效益。

（6）减少医疗、赔偿、财产损失费用，降低保险费用。

（7）满足公众的期望，保持良好的公共和社会关系。

（8）维护企业的名誉，增强市场竞争能力。

第二节 上海市 HSE 研究会

一、研究会简介

上海市健康、安全、环境研究会（以下统称上海市 HSE 研究会）成立于 2015 年 10 月，是中国第一家专业从事 HSE 的省部一级社会团体。上海市 HSE 研究会集聚了众多在科研院校和企事业长期从事 HSE 研究和管理的专业人员以及相关的领导干部，团结和凝聚了一大批国内外 HSE 研究领域的学科带头人和专家学者；研究成果具有广泛的学术影响和高效的示范作用，为政府和企业在 HSE 方面提供了充实的理论基础和丰富的实践支撑。

上海市 HSE 研究会注重实践性和学术性相结合的原则，依托上海石化和上海化学工业区，紧密跟踪国内外 HSE 的最新动态和前沿科学，努力打造融合基础和实践的崭新的 HSE 科学体系。

上海市 HSE 研究会的工作和业务已广泛涉及 HSE 的各个领域，在理论研究、学术交流、书刊编辑、网站信息、大数据运用、业务培训、专业展览、咨询服务和国际合作等方面都颇有建树。

二、研究会的目标

上海市 HSE 研究会以 HSE 管理体系的目的为最终奋斗目标，并最大限度地将其贯彻落实。

三、研究会的愿景

上海市 HSE 研究会的愿景是：创新、协调、绿色、开放、共享。

四、研究会的宗旨与定位

研究会遵循学术为本、服务立会的办会宗旨，坚持公益性和群众性的组织原则。其功能和战略定位为：确立以普及 HSE 的先进理念和先进技术为目的，参与政府对 HSE 标准化的研究和运行体系建设，对接企业在 HSE 生产实践中的科学技术应用，构建政府与企业间的桥梁和纽带，为社会稳定和企业发展提供全方位的服务，为建设生态文明贡献智慧和力量。

第二部分 健 康 社 区 篇

第一节 健康社区的概念

　　健康社区是指有益于社区居民健康的社区。健康社区的管理者把社区成员的健康作为社区管理优先追求的目标之一，并采取政策、环境、服务和资源的综合措施，不断促进社区成员健康。健康社区注重结果但更强调过程，即健康社区并不是指人们已经达到了某个较高的健康水平，而是社区管理者应具有促进和保护居民健康的根本理念，并不断采取切实可行的措施促进和保护人们的健康。

第二节 健康社区的建设

一、营养与保健

（一）食物营养知识

食物相克表（见表2.1）。

表 2.1 食 物 相 克 表

序号	相克食物	对身体的危害
1	菠菜＋乳酪	菠菜含丰富的钙质，乳酪所含的化学成分会影响钙的消化吸收

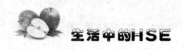

续表一

序号	相克食物	对身体的危害
2	菠菜＋瘦肉	菠菜含铜，瘦肉含锌。铜是制造红细胞的重要物质之一，又为钙铁、脂肪代谢所必需；如果把它和含锌较高的食物混合食用，则该类食物析出的铜会大量减少
3	海带＋猪血	同食会便秘
4	碱＋粥	做粥用的大米、小米、高粱等都含有较多的维生素。维生素B1、B2、尼克酸和维生素C在酸性中很稳定，而在碱性环境中则很容易被分解
5	鱼肉＋西红柿	西红柿等食物中的维生素C会对鱼肉中营养成分的吸收产生抑制作用
6	白酒＋牛肉	同时食用容易上火。因为牛肉属于甘温，补气助火，而白酒则属于大温之品，与牛肉相配如火上浇油，容易引起牙齿发炎
7	羊肉＋醋	羊肉大热，功能是益气补虚；醋中含蛋白质、糖、维生素、醋酸及多种有机酸，其性酸温，消肿活血，应与寒性食物配合，与羊肉不宜
8	甲鱼＋黄鳝＋蟹	孕妇吃了会影响胎儿健康
9	豆浆＋鸡蛋	鸡蛋中的黏液性蛋白易和豆浆中的胰蛋白酶结合会产生一种不能被人体吸收的物质，从而大大降低人体对其他营养的吸收
10	胡萝卜＋白萝卜	胡萝卜含有抗坏血酸酶，会破坏白萝卜中的维生素C，使两种萝卜的营养价值都大大降低
11	水果＋萝卜	同食容易患甲状腺肿大
12	土豆＋香蕉	同食脸上容易生雀斑
13	鳖肉＋鸡蛋	孕妇及产后便秘者忌食
14	牛肉＋红糖	同食会引起腹胀
15	菠菜＋大豆	食物中的维生素C会对铜的析放产生抑制作用
16	田螺＋牛肉	不易消化，会引起腹胀
17	鹅肉＋鸭梨	同食会伤肾脏

续表二

序号	相克食物	对身体的危害
18	人参＋萝卜	不易消化，腹里易产生胀气
19	牛奶＋菜花	牛奶含丰富的钙质，菜花所含的化学成分会影响钙的消化吸收
20	墨鱼＋茄子	同食容易引起霍乱
21	梅干菜＋羊肉	同食会引起胸闷
22	狗肉＋姜	同食会腹痛
23	马肉＋木耳	同食易得霍乱
24	葡萄＋骆驼肉	同食会生热病
25	牛奶＋韭菜	牛奶中含钙。钙是构成骨骼和牙齿的主要成分。牛奶与含草酸多的韭菜混合食用，会影响钙的吸收
26	骡肉＋金针菇	同食会引起心痛，严重会致命
27	菊花＋鸡肉	同食会中毒
28	小白菜＋兔肉	同食容易引起腹泻和呕吐
29	蛇肉＋萝卜	同食会中毒
30	鲫鱼＋冬瓜	同食会使身体脱水
31	鹿肉＋鱼虾	癌病患者不宜同食
32	黄豆＋酸牛奶	酸牛奶含丰富的钙质，黄豆所含的化学成分影响钙的消化吸收
33	鳖肉＋鸭肉	同食会便秘
34	海蟹＋大枣	同食容易患寒热病
35	田螺＋蚕豆	同食会患肠绞痛
36	西红柿＋黄瓜	西红柿中含大量维生素C，有增强机体抵抗力、防治坏血病、抵抗感染等作用；而黄瓜中含有维生素C分解酶，同食可使西红柿中的维生素C遭到破坏
37	胡桃＋野鸡肉＋木耳	同食会引起身体不适

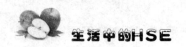

续表三

序号	相克食物	对身体的危害
38	冰棍＋西红柿	同食会中毒
39	鳖肉＋兔肉	脾胃虚寒者忌食
40	鲫鱼＋猪肝	同食具有刺激作用，疮痈热病者忌食
41	烧酒＋黍米	同食会引起心绞痛
42	牛肉＋橄榄	同食会引起身体不适
43	羊肉＋竹笋	同食会引起中毒，可以用地浆水治疗
44	香蕉＋地瓜	同食会引起身体不适
45	乌梅＋猪肉	同食会引起中毒，可以用地浆水治疗
46	杏仁＋猪肉	同食会引起肚子痛
47	虾皮＋黄豆	同食会消化不良
48	田螺＋木耳	同食会中毒，可以用莲房治疗
49	芹菜＋鸡肉	同食会伤元气
50	兔肉＋芹菜	同食会脱水
51	茄子＋毛蟹	同食会中毒，可以用藕节治疗
52	鹅肉＋鸡蛋	同食伤元气
53	牛肉＋栗子	栗子中的维生素易与牛肉中的微量元素发生反应，削弱栗子的营养价值，而且不易消化
54	狗血＋泥鳅	混合后酸咸性温，阴虚火盛者忌食
55	田螺＋河蛤	同食会引起中毒，可以用胡荽治疗
56	山楂＋猪肝	山楂富含维生素C，猪肝含有较多的铜、铁、锌等金属微量元素；维生素C遇到金属离子，会加速氧化，使维生素C和金属都遭到破坏
57	香瓜＋毛蟹	同食会引起中毒，可以用柑橘皮解毒

续表四

序号	相克食物	对身体的危害
58	韭菜＋牛肉	同食容易上火
59	毛蟹＋泥鳅	同食会引起中毒,可以用地浆水治疗
60	鲤鱼＋甘草	同食会中毒
61	狗肉＋朱砂＋鲤鱼	同食会上火
62	蜜＋豆腐花	同食会引起耳聋,吃绿豆可以治疗
63	南瓜＋虾	同食会引起痢疾,可以用黑豆、甘草解毒
64	牛奶＋醋	同食会引起腹中病结,可以用地浆水治疗
65	柿子＋土豆	土豆会使胃产生大量盐酸,如果再吃柿子,柿子在胃酸的作用下会产生沉淀,既难消化,又不易排出
66	糖精＋蛋清	同食会中毒,严重会导致死亡
67	皮蛋＋红糖	同食会引起中毒
68	西红柿＋白酒	同食会感觉胸闷、气短
69	洋葱＋蜂蜜	同食会伤眼睛,引起眼睛不适,严重者会失明
70	萝卜＋木耳	同食会得皮炎
71	香蕉＋芋头	同食会使胃不适,感觉胀痛
72	西红柿＋地瓜	同食会得结石病,呕吐、腹痛、腹泻
73	田螺＋面	同食会引起腹痛、呕吐,用鸡蛋白可以治疗
74	土豆＋香蕉	同食面部会生斑
75	杏仁＋栗子	同食会胃痛
76	田螺＋香瓜	同食会腹痛,可以用地浆水治疗
77	牛肝＋鳗	同食会患风,噎涎,可以用黑豆、甘草治疗
78	黑木耳＋茶	黑木耳中含有铁质,与含有单宁酸的茶同食,会降低人体对铁的吸收

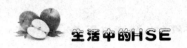

续表五

序号	相克食物	对身体的危害
79	蜜＋葱	同食伤眼睛，可以用绿豆治疗
80	甘草＋猪肉	同食会引起中毒，可以用绿豆治疗
81	何首乌＋猪血	同食会引起身体不适
82	柑橘＋毛蟹	同食会使人走路脚软，可以喝大蒜汁治疗
83	土豆＋西红柿	土豆会在胃肠中产生大量盐酸；西红柿在较强的酸性环境中会产生不溶于水的沉淀物，从而导致人食欲不佳，消化不良
84	李子＋鸭蛋	同食会引起中毒，可以用地浆水治疗
85	梨＋蟹	同食会影响肠胃消化
86	大枣＋鱼＋葱	同食会消化不良
87	西红柿＋胡萝卜	维生素C丰富的食品同食，会破坏维生素C
88	鲤鱼＋猪肝	同食会影响消化
89	蟹＋冷饮	同食后会导致腹泻
90	茶＋狗肉	同食易使人体吸收有毒物质和致癌物质
91	猪肝＋荞麦	同食会影响消化
92	麦冬＋木耳	同食会引起胸闷
93	柠檬＋山楂＋牛奶	同食影响胃肠的消化
94	猪肝＋雀肉	同食会消化不良
95	糯米＋鸡肉	同食会引起身体不适
96	鲣鱼＋南瓜	同食容易中毒，可以用黑豆、甘草解毒
97	黄豆＋猪血	同食会消化不良
98	西红柿＋猪肝	西红柿富含维生素C，而猪肝会使维生素C氧化脱氧，使其失去原来的抗坏血酸功能

续表六

序号	相克食物	对身体的危害
99	猪肝＋菜花	菜花含有大量纤维素，纤维素中的醛糖酸残基可与猪肝中的铁、铜、锌等微量元素形成化合物而降低人体对这些元素的吸收
100	咖啡＋海藻＋茶＋黑木耳＋红酒	同食会降低人体对铁的吸收
101	蛤＋柑	同食会引起中毒，可以用绿豆治疗
102	米汤＋奶粉	同食会破坏维生素A
103	猪肉＋田螺	同食容易脱眉毛，可以吃绿豆治疗
104	鸭蛋＋桑椹	同食会引起胃痛
105	蜜＋毛蟹	同食会引起中毒，可以用地浆水治疗
106	瘦肉＋牡蛎＋谷类＋高纤维质＋鱼	同食就会降低人体对锌的吸收能力
107	石榴＋土豆	同食会引起中毒，可以用韭菜水解毒
108	羊肉＋半夏	同食影响营养成分的吸收
109	生鱼＋牛奶	同食会引起中毒，可以用绿豆治疗
110	猪肝＋豆芽	猪肝中的铜会加速豆芽中的维生素C氧化，失去其营养价值
111	热水＋蜜糖	同食会使蜂蜜中的营养成分受到破坏
112	韭菜＋蜂蜜	同食会阻碍血液循环
113	海鲜＋葡萄	同食会呕吐、腹胀、腹泻。因为葡萄中含有鞣酸，遇到水产品中的蛋白质，会形成不容易消化的物质。类似葡萄的水果还有山楂、石榴、柿子
114	黑糖＋生蚵	同食会引起中毒，可以用绿豆治疗
115	鸡蛋＋豆奶	同食会影响营养素的吸收
116	豆浆＋红糖	红糖里的有机酸和豆浆中蛋白质结合后，可产生变性沉淀物，大大降低二者的营养价值

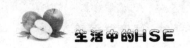

续表七

序号	相克食物	对身体的危害
117	毛豆＋鱼	同食会破坏维生素 B1
118	红豆＋羊肚	同食会引起中毒，可以用鸡蛋白治疗
119	牛奶＋果汁	牛奶含有丰富的蛋白质，果汁大多性酸，能使蛋白质凝结成块，影响人体的吸收，从而降低牛奶的营养价值
120	海味＋水果	同食会影响蛋白质的吸收
121	啤酒＋海味	同食会引发痛风症
122	鳗＋醋	同食会引起中毒，可以用黑豆、甘草治疗
123	猪肉＋茶	同食易产生便秘
124	鲶鱼＋牛肉	同食会引起中毒，可以用人乳和豉汁治疗
125	白酒＋胡萝卜	同食易使肝脏中毒
126	李子＋鸡肉	同食会引起痢疾，可以用鸡屎白治疗
127	山楂＋胡萝卜	胡萝卜富含维生素 C 分解酶，山楂富含维生素 C，同食，维生素 C 则易被分解破坏
128	西红柿＋咸鱼	同食易产生致癌物
129	酸牛奶＋香蕉	同食易产生致癌物
130	白酒＋核桃	核桃含有丰富的蛋白质、脂肪和矿物质，性热，多食燥火；白酒甘辛火热。两者同食易致血热，轻者燥咳，严重时会出鼻血

（二）防病保健知识

1. 防霾不光靠口罩，该吃什么也重要

世界卫生组织的研究报告显示，大气污染不仅会对人们的身体健康造成影响，也是致癌的重要外部原因。

网上流行一些"清肺"食物，其实对雾霾污染所引起的呼吸系统疾病并无特别的作用，千万不要盲目追随。但我们还是应当在饮食上有所注意，在保证营养均衡的前提下，保持身体健康，提高免疫能力，也能提升自身对雾霾颗粒物的抵抗能力。膳食上可摄取富含维生素 A、维生素 C 以及有润肺作用的食物。富含维生素 A 的食物有动物肝脏、奶制品、鱼类及绿黄橙色蔬菜等，动物肝脏为最佳来源，胡萝卜素被称为维生素 A 原，这种维生素 A 原在胡萝卜中的含量较高，一般水果及粮食中含量都较少。富含维生素 C 的食物有猕猴桃、沙田柚、山楂、橙子、柿子椒、芥蓝、菜花、西兰花等。这些食物都能在一定程度上改善咽喉和呼吸道干、痒、痛等不适症状，从而减少雾霾对呼吸系统带来的不良影响。

除了保证上述的营养均衡外，雾霾天要多饮水，同时在饮食中要少摄入一些辛辣刺激（如葱姜蒜、辣椒、花椒、芥末等）和煎炸油腻的食物，保证肠道畅通和充足的睡眠，从而提高身体免疫力。还要注意减少垃圾食品的摄入，包括油炸类食品、腌制类食品、加工类肉食品、饼干类食品、碳酸类饮料、方便类食品、罐头类食品、蜜饯果脯类食品、冷冻甜品类食品以及烧烤类食品等。

2. 鱼油，你吃对了吗

鱼油是一种从多脂鱼类中提取的油脂，富含多种不饱和脂肪酸。然而，服用鱼油对人体健康的长期效果究竟如何，尚无确凿的临床试验结果可以证明。生活中，关于鱼油补不补、如何补等问题，也存在一些误区。

首先，不能将鱼油和鱼肝油混为一谈。鱼油是多脂鱼类脂肪的萃取物，属于不饱和脂肪酸，主要成分是 DHA 和 EPA，有降低血液甘油三酯等作用。鱼肝油则是从鱼的肝脏中萃取出来的脂肪，主要成分为维生素 A 和维生素 D，常用于防治夜盲、佝偻病。鱼肝油只适合维生素 A 及维生素 D 缺乏的人群，不可乱用。

其次，不能片面地认为深海鱼油就比普通鱼油好。目前市场上的鱼油产品主要有普通鱼油和深海鱼油两种。普通鱼油来源于近海鱼、河鱼的鱼脂。深海鱼油来自深海鱼（生活在百米以下深海区域的海鱼，例如，阿拉斯加深海寒冰水域的鱼）的脂肪提取物。深海鱼油价格较普通鱼油价格昂贵，有人会认为价格较贵的深海鱼油要比普通鱼油好，但其实二者的有效成分都是 DHA 和 EPA。价格上存在差别主要是由于深海鱼难打捞，且生长周期长，使得鱼油生产的成本高，从而导致价格较高，所以不能单从价格高低来判断鱼油的质量好坏。

再次，鱼油并不是适合所有人。如果是为了日常保健，人们从鱼类中即可获取足够的 DHA 和 EPA。若日常饮食中鱼类摄入很少或是不吃鱼类，则可以考虑添加鱼油补充剂，但美国 FDA（食品药品监督管理局）推荐，鱼油的每天摄入量不超过 3 克。如果是为了降血脂、改善心率、预防冠心病等，需咨询医生具体用量。如果患有糖尿病或有凝血障碍等，应慎用鱼油，必须咨询医生后再决定是否服用。

最后，过量服用鱼油会产生一定的不良反应，包括胃肠道不适、出血、血液低密度蛋白升高等。相对于食用鱼油补充剂，直接食用鱼类可能更安全。《中国居民膳食指南（2016）》建议，一般成年人每周食用鱼类 280～525 克，美国农业部则推荐每周至少摄入两次鱼类，每次 200 克左右。美国农业部强调多脂鱼的摄入，因为多脂鱼含有更多的 DHA 和 EPA，多脂鱼包括鲑鱼、大马哈鱼、马鲛鱼、沙丁鱼、鳟鱼、金枪鱼等。

3. 哪些急救土方不靠谱

（1）扭伤脚热敷？专家解释，脚扭伤后马上热敷，会让脚踝更痛、更肿。扭伤后建议伤者要立刻制动（即停止着地活动），稳定受伤部位，48 小时之内可用冷敷的办法抑制出血；外用药物最好是在受伤 1～2 天后使用；如果表面伤势不严重，尽量让受伤部位休息，并 24 小时施行冷敷，直至肿胀和痛感减退，有需要时寻求医疗救助；48 小时后，可采用热敷。

需要提醒的是，感觉神经敏感或迟钝的人（如糖尿病、中风等患者）以及血液循环机能异常的伤者，冷敷与热敷时应格外小心。如果身体有开放性伤口，或皮肤对温度特别敏感，应避免冰敷和热敷。

（2）鱼刺卡喉要拍背、喝醋、强咽饭团？专家解释，如果有异物卡住喉咙，并出现窒息、呼吸困难、呛咳甚至呼吸骤停等症状，切勿拍背或者用手指伸入喉咙去取，这样不仅没有效果，反而会使异物更深入呼吸道。醋在食道内无法停留，因此喝醋并不能达到软化鱼刺的目的。强咽饭团带有危险性，因为鱼刺扎入咽喉或食道黏膜时吞下饭团，只会使鱼刺扎得更深。

正确做法：将压舌板（在家中可用筷子、牙刷）放在舌部前 2/3 处，轻轻平压，观察整个口咽部，若能看见就直接用手或镊子取出；若看不见鱼刺，或当事人不能说话，应及时就医。

（3）流鼻血要仰头？专家解释，把头仰起不但不利于止血，还会使鼻血倒流至咽喉、食管、气管和胃，从而引起不适、恶心；流鼻血过多的患者还会把吞入的血液呕吐出来；不停俯身和仰头，会增加鼻腔出血量；出血量大时，仰头易把血呛入气管及肺内，会造成窒息，甚至造成吸入性肺炎。

发生鼻出血后的正确做法为：流鼻血时，患者应坐下来，身体稍微前倾，张开嘴巴，用嘴呼吸；同时用大拇指和食指捏住鼻翼两侧，朝后脑勺方向挤压10分钟，以稍有痛感为宜；如果还出血，可稍微移动一下捏的位置，直到血止住。如血流不止，应立即就医。

（4）烧伤烫伤后抹牙膏、鸡蛋清、酱油？专家解释，有些患者在烧伤或者烫伤后在创面上擅自涂抹牙膏等物，不仅没有治疗烧烫伤的作用，有时还会掩盖创面，使医生无法立即确定创面的大小和深度，容易导致细菌滋生和创面感染。

烧、烫伤后的正确做法：将烧伤、烫伤创面在自来水龙头下冲淋或浸入清洁冷水中（水温以伤员能耐受为准，一般为15℃～20℃，夏天可在水中加冰块），或用清洁冷（冰）水浸湿的毛巾、纱垫等敷于创面，但过低温度的冷疗也对创面不利；冷疗的时间无明确限制，一般等到冷疗停止后，疼痛显著减轻为适，大约为0.5～1小时或更长；如果情况比较严重，应立即就医。

（5）溺水后按压胸部？专家解释，溺水的急救方法有很多种，控水和心肺复苏是比较常见的两种，但是先采取控水还是心肺复苏，主要取决于溺水者有没有呼吸和心跳。溺水者被打捞上来后，急救人员可以摸一下溺水者的脉搏，并确认其是否有呼吸。如果溺水者还有呼吸，且心脏没有停止跳动，可采取先控水的方法；若溺水者无呼吸和心跳，则要先进行心肺复苏。控水是将溺水者体位侧卧，拍一拍后背，将水等杂物控出来。因为溺水后会有呕吐反应，这样也能避免呕吐物堵塞气管引起窒息。若溺水者需要心肺复苏，则先做胸外按压，然后进行人工呼吸，同时保持病人气道畅通。频率大约为30次胸部按压后实施2次人工呼吸。

需要特别提醒的是，让溺水者挂趴在牛背、大锅底等土方法是不提倡的。因为在淡水中淹溺的溺水者，吸入体内的水主要在血液中，胃中并不是很多，这种挂趴的方

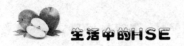
法，如果用在没有心跳或呼吸的溺水者身上，很可能会耽误最佳救援时间，造成继发性死亡。

（6）对昏迷者掐人中？专家解释，掐人中的意义在于通过疼痛刺激来使人清醒。但引起昏迷的原因有很多，掐人中并不适用于所有昏迷，如脑梗死、心肺疾病、低血糖等。如果昏迷的同时无脉搏，应首先进行心肺复苏术。尤其对老年人来说，是否掌握正确的掐法、力气是否足够等都是问题，因此最好的办法是立即拨打120。

（三）女性健康食谱

1. 红豆营养丰富，巧搭薏仁排水加分

营养师表示，红豆富含铁质、叶酸等，具有利尿、消水肿、排水、补血、改善血液循环、使气色红润等作用。若要加强消水肿的效果，建议红豆搭配薏仁，因为薏仁含有酵素、膳食纤维、维生素 B、抗氧化物质等，可以帮助排水、利尿，使皮肤透亮光滑。

此外，红豆的纤维质含量也十分丰富，能刺激肠胃蠕动。在减肥期间，不少人会因为饮食习惯的改变而出现排便不顺的问题，适度摄取红豆有助于预防便秘。

2. 女性食补小诀窍

吃：蔬果天天，避开零食，早饭保证，三餐不乱。

蔬果中含水分多，能量低，还含有丰富的维生素和矿物质，顿顿有蔬菜、天天吃水果，既可以控制能量过多摄入，又可以美容。零食的营养远不如正餐全面，应尽量少吃零食，更不能以零食代替正餐。早餐是一天中最重要的一餐，不吃早餐会影响上午的工作效率，还容易使人变胖。刊登在美国《肥胖》杂志上的一项研究显示，早餐吃得越丰盛，减肥效果越显著。

喝：白水常伴，牛奶不断，饮料远离，酒不接见。

女人是水做的。每天足量饮水是维护女性健康的基本条件，水分充足才能光彩照人。牛奶营养全面，钙质丰富，有利于骨骼健康。每天一杯奶，是保持美和健康的秘诀。担心体重超重，可以选脱脂奶。饮料特别是含糖饮料，能量较高，营养价值低，最好远离。过量饮酒危害健康，如果一定要饮酒，最好以红酒为主，成年女性一天摄入的酒精量应不超过 15 毫升。

3. 豌豆护眼效果佳

豌豆是春天的时令菜，颗粒圆润鲜绿，十分好看。中医认为，豌豆性平味甘，入脾、胃经；有益脾胃、生津止渴、利小便的功效，主治脾虚气弱、呕吐以及腹泻。豌豆中的蛋白质含量丰富，胡萝卜素、粗纤维含量也不低，还富含维生素 A，有护眼的食疗功效；另外，其维生素 C 的含量比干豆要高得多。整天对着电脑的上班族可将胡萝卜、豌豆、玉米一起炒着吃，味道鲜美。另外，推荐一款豌豆焖饭，米饭快煮好时加入豌豆，搅拌后继续烹煮，煮好后加入洋葱丝、肉丁，再焖一会即可。

4. 食樱桃防治贫血

初夏，是樱桃成熟的季节。中医认为，樱桃性微温，味甘微酸，对于产后体虚气弱、气短心悸、倦怠食少、咽干口渴及风湿性腰腿疼痛、四肢麻木、关节屈伸不利、冻疮等病症有辅助的治疗作用。

有资料显示，樱桃含铁量丰富，每百克野生樱桃含铁 11.4 毫克。常食樱桃可补充铁元素，促进血红蛋白再生，既可防治缺铁性贫血，又可增强体质，健脑益智。同时，樱桃的含钾量也是不可忽视的。每百克樱桃含钾 232 毫克，但肾病患者出现少尿、水肿、高钾血症时，应忌食。另外，由于樱桃偏温，患热性病者、有溃疡症状者、易上火及喘咳者应慎食，糖尿病患者忌食。

5. 预防乳腺增生的神奇食物

乳腺增生是女性一种较为常见的疾病，那有什么食物可以有效预防这种疾病呢？

（1）牛奶及乳制品。牛奶及乳制品中含有丰富的钙质，有益于乳腺保健。

（2）鱼类及海产品。黄鱼、甲鱼、泥鳅、带鱼、章鱼、鱿鱼、海参、牡蛎以及海带、海蒿子等，富含人体必需的微量元素，有独特的保护乳腺的作用。

（3）食用菌类。银耳、黑木耳、香菇、猴头菇、茯苓等食物，是天然的生物反应调节剂，能增强人体免疫能力，有较强的防癌作用。研究表明，多吃食用菌可为女性的乳房健康加分。

（4）坚果、种子类食物。坚果、种子类食物包括含卵磷脂的黄豆、花生等，以及含丰富蛋白质的杏仁、核桃、芝麻等，它们都含有大量的抗氧化剂，具有抗癌的作用。而且，坚果和种子类食物可增加人体对维生素E的摄入，而丰富的维生素E能让乳房组织更富有弹性。

（5）大豆。大豆食品对乳房健康大有裨益。因为，大豆和由大豆加工而成的食品中含有异黄酮，这种物质能够降低女性体内的雌激素水平，减少乳房不适。如果每天吃两餐含有大豆的食品，比如豆腐、豆浆等，将会对乳房健康十分有益。

（6）蔬菜。蔬菜与主食合理搭配，有利于身体健康。如果每天保证摄取足够的蔬菜，特别是多食番茄、胡萝卜、菜花、南瓜、大蒜、洋葱、芦笋、黄瓜、丝瓜、萝卜和绿叶蔬菜等，对维护乳房的健康也很有帮助。

（7）海带。海带是一种大型食用藻类，对于女性来说，不仅有美容、瘦身、美发等作用，还能辅助治疗乳腺增生。研究发现，海带之所以具有缓解乳腺增生的作用，是由于其中含有大量的碘，可促使卵巢滤泡黄体化，使内分泌失调得到调整，降低女性患乳腺增生的风险。

（8）水果。乳房也喜欢"吃"水果。水果对乳房的保护作用是不可小视的。美国癌症研究中心建议，人们应常吃苹果来预防癌症，因为其中富含天然的抗氧化剂，能够有效清除自由基，降低癌症发生率。

（四）男性健康食谱

1. 七类水果对男人身体有益

（1）西瓜缓解心脏压力。心脏承受的压力较大，所以很容易出现心律不齐、早搏的现象。营养专家指出，西瓜对心脏保护有神奇的效果，这都要归功于瓜氨酸，这种营养元素可以转化为精氨酸，缓解血管承受压力，让心脏的不适感尽快得到缓解。西瓜的最佳用量是每个星期吃三次，每次适量即可。

（2）石榴为前列腺降温。前列腺温度升高，会增加患前列腺癌症的几率。"抗氧化之王"石榴富含多酚、花青素、鞣花酸、异黄酮等，具有强抗氧化和消炎的作用，可以使人体健康细胞免受自由基的破坏。而且对于人体来说，石榴榨汁吸收会更好。

（3）红枣为肝脏排毒。若无法保证规律的睡眠时间，肝脏排毒就会受到阻拦。此时需要一些能量让其疏通。而这种能量在红枣中就可以找得到——中医认为肝脏藏血，血液丰盈将有利于促进肝脏排毒。红枣有养血、补血的作用，所以，想要有好肝脏，每天下午吃 3 颗红枣吧！

（4）猕猴桃让眼睛润泽健康。眼睛干涩、疲劳、酸痛，说明双眼中的维生素 A 和叶酸正在流失。此时，吃猕猴桃是最佳选择，它可以为人体注入足量的维生素 A 和叶酸，达到保肝、护肝的作用，让眼睛润泽健康。

（5）樱桃让关节活动自如。樱桃可以促进血液循环，有助于尿酸排泄，预防痛风和关节炎，如果每星期吃 100 g 樱桃，再加上适当的运动，可以增加关节血液和营养的润滑，使关节活动自如，提升关节的健康。

（6）苹果让牙齿更干净。如果你有一个星期不认真刷牙，牙齿的保护层就要遭到破坏，细菌也很难被去除掉。此时，需要苹果的帮助，它是牙齿的保护伞。英国科学研究表明，苹果具有弱酸性，还有止血功效，并含有丰富的纤维素，不但可以清洁牙齿，还能达到亮白牙面的作用！

（7）柑橘让毛囊保持完整。调查表明，男性出现头屑的几率是女性的 1.5 倍。男性的果蔬类食物摄入较少，身体缺乏均衡营养，加之工作的压力，易产生头屑。去头屑不仅要将营养输送到头皮，更要增强头皮免疫力，消除工作所造成的焦虑和心理压力。而能达到这样目的的水果非柑橘莫属，其所含有的维生素 C 易被吸收，不但能提升人体免疫力，还具有镇定神经、抗击老化的作用，从而保持毛囊完整，达到去头屑的效果。如果有头屑，每天坚持吃 1 个柑橘吧！

2. 男性补充体力可吃三类食物

（1）洋葱防动脉硬化。洋葱性温味辛，含有蛋白质、糖、粗纤维、硒、硫胺素、核黄素、前列腺素 A、氨基酸以及钙、磷、铁、维生素 C、胡萝卜素、B 族维生素等多种营养成分，其挥发油中含有降低胆固醇的物质——二烯丙基二硫化物。洋葱具有消热化痰、解毒杀虫、开胃化湿、降脂降糖、助消化、平肝润肠、祛痰、利尿、发汗、预防感冒、抑菌防腐的功效，不但可以预防和治疗动脉硬化症，还具有防癌的作用。由于它集营养、保健和医疗于一体，在欧美一些国家，洋葱被誉为"菜中皇后"。但患有眼病或热病的人不宜进食。

（2）胡椒祛风健胃。胡椒性温味辛，含有挥发油、胡椒碱、粗脂肪、粗蛋白、淀粉等营养物质。它有黑、白两种，可以治疗消化不良、肠炎、支气管炎、感冒和风湿病等。现代药理研究还发现，胡椒所含的胡椒碱、胡椒脂碱、挥发油等有祛风、健胃的功效。糖尿病、痛风、关节炎、痔疮、癌症、支气管哮喘等病的患者最好不要食用胡椒。

（3）大蒜能抗病毒。大蒜性温味辛，含有蛋白质、脂肪、糖类、B族维生素、维生素C等营养成分，还含有硫、硒有机化合物（大蒜素）以及多种活性酶，此外其钙、磷、铁等元素的含量也很丰富。它具有杀虫、解毒、消积、行气、温胃等功效，对饮食积滞、脘腹冷痛、痢疾、疟疾、百日咳、痈疽肿毒、水肿胀痛、虫蛇咬伤等有一定的治疗作用。此外，吃大蒜不仅可以防流感、治疗细菌感染，还具有降血压、降血脂、降血糖和较强的抗癌作用。

3. 男性多吃四种零食可以养生

（1）花生。久坐办公的工作者，不妨多吃些花生、核桃、杏仁等坚果。长时间坐着办公，患心血管疾病的可能性会高出很多，常吃核桃等坚果类食物能使发病几率降低。坚果中丰富的亚油酸成分可帮助脑部血液畅通；其丰富的蛋白质及植物油还可以缓解饥饿。不过，坚果脂肪含量也较高，不要吃太多，否则容易肥胖。

（2）黑巧克力。对于两餐间隔5～6小时的人来说，第一餐后3小时左右吃两块黑巧克力（2厘米×4厘米大小），能快速缓解饥饿感。在所有巧克力中，黑巧克力是含糖量和脂肪量最低的，它变成葡萄糖后进入血液，在身体里缓慢释放能量，使血糖经2～3小时才降到空腹时的水平。因此，饿的时候吃块巧克力，远比饼干、蛋糕有效。

（3）绿茶。对于和电脑"朝夕相处"的工作者来说，辐射是个让人忧心的"副产物"。所以，当你因烦躁而不想喝白水，或有喝可乐的欲望时，不妨喝一杯清茶代替。茶叶中的咖啡因不但能提神，其中含有的维生素C、维生素E特别是茶多酚，还具有抗辐射的作用。

（4）枸杞。枸杞子含有丰富的β胡萝卜素、维生素B1、维生素C、钙、铁，具有补肝、益肾、明目的作用。其本身具有甜味，即可以像葡萄干一样当零食来吃，对电脑族的眼睛酸涩、疲劳、视力变差等问题都有很大帮助。它还可以用来泡茶，比如在菊花茶中加入枸杞，泡出来的茶就是有名的"菊杞茶"，由于菊花与枸杞二者都是中药护眼的药材，这种搭配具有更好的护眼作用。

4. 不同阶段的男性该如何脱离亚健康

（1）青春期男孩祛湿热用茯苓、白茅根。青春期的男性最常出现的问题就是长痤疮，爱上火。有调查指出，98％的男性在青春期都会受到"青春痘"的困扰。此时的男性体内雄性激素分泌水平增高、皮脂分泌活跃，加上求学阶段精神压力较大，生活不规律，因此更易发生痤疮、上火。

痤疮多因肺经热盛，或脾胃湿热引起。茯苓药性平和，能起到利尿、祛湿、健脾的作用，而且不伤正气，可每日用10克泡水饮用，或与猪苓、泽泻等煎水服用。白茅根能清肺胃之热，还有凉血、清热生津的功效，建议直接泡水饮用。

（2）中年男性解毒用葛根、白芍。30～55岁的中壮年男性，工作和生活压力都很大，忙于应酬，经常熬夜、喝酒。如果不注意调养，很容易出现高血压、高血脂、高血糖和心脑血管疾病。

据《本草纲目》记载，葛根性凉、气平、味甘，具清热、降火、排毒的功效。现代医学研究也表明，葛根中的异黄酮类化合物葛根素对高血压、高血脂、高血糖和心脑血管疾病有一定疗效。葛根可煎汤或捣汁加米汤服用。

白芍和柴胡都有疏肝的作用，经常饮酒的人可以选择这两味中药泡水饮用，还可以加上枳实、甘草煎水服用，可使气血调和，阳气外达。

（3）老年男性补肾选虫草、黄芪。男性上了年纪，多会出现肝肾不足所致的肾虚腰痛、头晕耳鸣等症状。专家推荐了一些补肾的中药：一是冬虫夏草、山萸肉、人参、黄芪、山药，这些都有补益肾中精气的作用；二是鹿茸、杜仲、川断、桑寄生等，可以温助肾阳，还有较好的强筋骨、去腰疼的功效；三是熟地、桑葚、枸杞子，能滋阴补肾、清泻虚热。这几类药物也可分别用水煎服用，或者泡水饮用。

（五）老年人健康食谱

1. 老年人防耳聋，不妨多补铁锌

50岁以后的中老年人最好能多摄入含铁、锌和维生素D较多的食品。这是因为

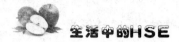

铁、锌等微量元素以及维生素 D 都有扩张耳部微细血管、促进耳蜗功能、保证耳部营养供应等功效。含铁丰富的食品有黑木耳、菠菜、瘦肉、豆类、猪肝等，含锌丰富的有海产品、萝卜、大豆和鱼类等，而富含维生素 D 的有蘑菇、银耳、蛋类、乳类等。

2. 多吃杂粮粥，老来更长寿

有研究指出，全谷物食物能降低总胆固醇和低密度脂蛋白胆固醇水平；杂粮没有经过精细加工，富含膳食纤维、维生素和矿物质等，能为身体补充多种营养，特别是维生素 B1 在碳水化合物、脂肪和蛋白质代谢中起着重要作用，有助提高御寒能力。不同类型的杂粮还各有功效，比如表皮红色、紫色、黑色的富含花青素，黄色的能补类胡萝卜素。寒冷天气喝上一碗杂粮粥，暖胃又暖身，尤其适合早晚食用。起床后，身体经过一晚的呼吸损失了部分水分，喝粥既补充了营养，又起到了补水作用；晚饭喝粥，脾胃舒服，还有助睡眠。

需要提醒的是，糖尿病患者喝粥后容易引起血糖波动，最好搭配膳食纤维丰富的蔬菜，减缓吸收速度。喝粥时要细嚼慢咽，尽量拉长喝粥的时间，也可以减缓升糖速度。容易胃胀气的人，建议熬粥时少用易产气的黑豆、绿豆等杂豆类，应加些糙米、大黄米等养胃食材。老年人消化吸收能力较弱，除了尽量选择小米等容易消化的粗粮，适当减少粗粮的量，还可以粗粮细做，把杂粮粥煮得软烂一些。为保证足够的营养，老人吃饭不能只喝粥，应合理搭配蔬菜和肉类。

3. 老人缺牙怎么吃更营养

吃软不吃硬。那些营养丰富、又不费牙口的食物是首选，比如每周喝两到三次鱼汤、排骨汤、肉汤。早餐喝软烂的鱼肉粥，既避免了咀嚼过硬的食物，又能保证营养摄取。肉类首选纤维短、鲜嫩易咀嚼的鱼肉类，鸡肉、牛肉则要炖烂再吃。食用肉类的同时也要保证新鲜蔬菜的摄入，比如菠菜面片汤、醋熘白菜等。烹调方式上，蒸、煮、炖出来的菜肴往往更软烂。水果以多汁的苹果、梨为最佳。

保证一定的蛋白质。老年人每天摄入蛋白质的量以女性 65 克、男性 75 克为宜。足够的蛋白质有利于口腔支持组织的健康耐力。由于老年人对蛋白质的消化、吸收和利用的能力都较差，所以供给老年人的蛋白质，以大豆蛋白质最为理想，所以要多喝豆浆，吃豆腐。其次是蛋、乳、鱼及瘦肉类，蛋类首选白水煮蛋，每天不超过一个，瘦肉一定要炖烂，鱼类当属海鱼最佳，最好的做法是清蒸。

口味重一点。食物的味道浓一些，可刺激老人味觉和增加食欲，但老年人不要食用过多的食盐和糖，所以可以在菜肴中多放调料提味儿，比如生姜、花椒、薄荷等。在吃饭时要多咀嚼以增加唾液，用唾液增味觉，用味觉增食欲。菜要出锅时可放平时一半的盐，盐的颗粒附着于食物表面可以充分享受"重口味"的感觉。

保持口腔洁净。口腔内清新干净能增加味觉敏感性，有利于提高食欲。三餐后用淡盐水漱口，能杀菌消炎。咀嚼甘草、茶叶或花生米可以有效净化口气。无糖酸奶可有效降低口腔内的硫化氢含量。

缺失牙的老人想要保证营养，最重要的还是尽早到正规医院镶牙或装上假牙，改善咀嚼功能。好的口腔卫生习惯可以减少牙周病的发生，进而推迟和减少老人掉牙的情况发生。

4. 老年贫血，多食含铁食物

缺铁性贫血是体内缺乏铁元素而使红细胞生成障碍，从而导致血红蛋白下降的一种疾病，多见于老人。老年人在日常膳食中需增加足够的造血原料，如铁、维生素 C、B 族维生素和蛋白质等。

含铁丰富的食物主要包括动物内脏(肝脏、肾脏、心脏)和瘦肉；多种海产品，如海带、紫菜、贝类；多种水果，如番茄、杏、枣、柑橘等，以及黄豆、菠菜、芹菜、白菜和油菜等含有较为丰富铁质的食物，老人应适当多食。民间也常用桂圆肉、大枣、花生内衣作为补血食品，实践证明也有效果。也可用铁锅炒菜和煮饭，以增加饮食中的含铁量。

维生素 C 呈酸性，在体内能促进铁质的吸收和利用。因此，可多进食含维生素 C丰富的食物，如多种新鲜果蔬，特别是杨梅、柑橘、番茄、柠檬和山楂等，也可适当多食食醋。

B 族维生素(维生素 B12、叶酸)是红细胞生长发育所必需的物质，动物内脏、海产品和瘦肉及绿叶蔬菜中含量较多，可适当多食用。

提醒：喝浓茶和咖啡容易引起缺铁性贫血。这是因为浓茶和咖啡中含有很高的鞣酸，它与食物中的铁结合生成不溶性的沉淀物质(鞣酸铁盐类)，妨碍铁的吸收，易

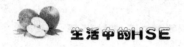

造成缺铁性贫血。

5. 五种食物缓解关节炎

关节炎在中老年人群属常见疾病，防治关节炎的首要措施是调节饮食结构。

第一，应避免酸性物质摄入过量，保持饮食的酸碱平衡，坚持以清淡为主，少吃肉类，多吃蔬菜。第二，偏咸的食物钠含量过高，易与钙结合排出体外，故要少盐。第三，菠菜、番茄、红薯、芹菜等草酸高的食物也要少吃，因为草酸能与钙结合形成草酸钙，这样会减少人体对钙的吸收；第四，要多吃抗氧化高的食物。研究发现，以下五种食物抗氧化效果非常好，有助于缓解关节炎。

（1）南瓜。南瓜富含类胡萝卜素，它有助于降低罹患类风湿关节炎的疾病风险。其中大量的维生素C更有益骨骼和软骨健康。

（2）菌类。圆蘑菇和香菇都含有抗炎成分，有助于人体抗击炎症，进而缓解关节疼痛。

（3）初榨橄榄油。多项研究发现，初榨橄榄油富含具有抗炎属性的多酚类物质，有助于缓解人体肌肉和关节疼痛。

（4）绿茶。绿茶中含有多种抗氧化剂，有助缓解四肢僵硬和关节疼痛。在茶水中挤点柠檬汁，缓解关节疼痛的效果会更明显，因为柠檬等水果有益骨胶原的形成，对保护软骨起到关键作用。

（5）生姜。生姜的抗炎属性已经过多项研究证实，其食用方法随意，既可炒菜、熬汤，又可泡茶。但生姜能稀释血液，所以在服用抗凝药物期间最好不要食用。

（六）更年期保健

1. 女性更年期预测

女性更年期的早期症状比较明显，可通过下述指标预测更年期。

通过家族遗传进行预测：由于进入更年期的年龄与遗传因素有一定关系，所以，祖母、母亲、同胞姐姐出现更年期的年龄可以作为孙女、女儿、妹妹进入更年期年龄的预测指标。但此指标并不是绝对的，易受后天生活环境、气候、社会因素、药物、疾病等因素的影响，使更年期提前或推迟。

通过初潮年龄预测更年期年龄：据观察，月经初潮年龄与更年期年龄为负相关，即初潮年龄愈早，更年期(绝经)年龄愈晚；相反，初潮年龄愈晚，更年期年龄则愈早。

通过月经紊乱现象预测更年期：月经紊乱为最终绝经前的月经表现形式。月经改变的表现大致分为三种类型：一是月经间隔时间长，行经时间短，经量减少，然后慢慢停经；二是月经不规则，有人行经时间长，经量多，甚至表现为阴道大出血，也有人表现为淋漓不断，然后逐渐减少直至停经；三是突然停经，绝经是进入更年期的重要指标之一。

通过更年期的先兆预测更年期：妇女进入更年期之前一般都有某些症状，如患者感到胸部、颈部及脸部突然有一阵热浪向上扩散的感觉，且某些部位的皮肤发红，并往往伴有出汗。又如平时月经较准，经前也无特殊不适，而突然在某次月经前发生乳房胀痛、情绪不稳定、失眠多梦、头痛、腹胀、肢体水肿等经前期紧张症候群；另外，出现烦躁、焦虑、多疑等情绪精神方面的改变，也是步入更年期的先兆。

通过以上预测方法和自己身心的具体感受，大多数妇女可以知道自己是否已进入了更年期。

（1）更年期饮食调理的四个原则：

① 低盐、低脂饮食。处于更年期的女性，饮食最好以清淡为主，要控制盐的摄入，每天食盐应控制在 6 克以内；也不可以大量食用肉类食物，每天食量应控制在 50 克到 75 克；对于食用油也要有所控制，应在 25 克以内，最好吃植物油。

② 控制热量，预防肥胖。处于更年期的女性，应该控制好饮食量，最好多摄入低热量、低碳水化合物和低脂肪类食物。建议每天摄入 250～400 克的主食，以米、面、粗粮、豆类、薯类为首选。

③ 补充 B 族维生素。如果更年期女性出现了精神方面的波动症状，比如爱哭易怒、记忆力不好、严重失眠等，这时的女性朋友们应多吃含有大量 B 族维生素的食物，比如粗粮、坚果、瘦肉等都是不错的选择。

④ 增加钙的摄入量。对于更年期女性来说，为了预防骨质疏松症的发生，在日常生活中应该多食用一些钙量高的食物，钙含量高的食物有很多，比如牛奶、酸奶、豆制品、海带等；而且也要适量的补充维生素 D，这样可以增强钙的吸收。

更年期女性做好饮食调理很重要，除此之外，还应该调节好自己的心态，保持良好的情绪，注意劳逸结合，更好地提高自己的生活质量，帮助自己安全度过更年期。

（2）合理膳食顺利度过更年期。进入更年期的女性还可以科学调理自己的饮食结构，有助减轻更年期的不适症状或延缓其进程。

① 每日摄入一定量的高蛋白食品，如瘦肉 50 克，或鸡蛋 1 个，或豆腐 100 克，或鸡（鸭）100 克，或鱼（虾）100 克。其中以鱼、虾、豆制品最为理想。

② 每日饮用一袋（约 250 克）牛奶或羊奶，牛奶中含有大量钙质，有助于预防骨质疏松、高血压、动脉硬化。

每日摄入一定量的主食，每日 350 克左右的主食，供给机体必要的热量，以米、面、粗粮、豆类及薯类为宜。

③ 每日 500 克左右的蔬菜、水果，如白菜、芹菜、菠菜、胡萝卜、南瓜、苦瓜、西红柿、苹果、香蕉等，它们富含维生素、矿物质、膳食纤维及天然抗氧化物，既可降低血脂、减肥，又可提高免疫力，防止便秘。

④ 多吃含有核酸的食物，核酸可延缓衰老，富含核酸的食物有鱼虾类、蘑菇类、木耳等。

⑤ 饮食中，动植物食品搭配要合理，以植物为主；不挑食，粗细搭配；定时进餐，不过饱；少吃油炸、烧烤和熏制食品；应辅以适量的体育锻炼，以维持正常体重。

（3）慎食补品。欧美国家大受推崇的自然疗法常用于帮助女性缓解更年期症状，人参和当归对女性乳腺癌细胞有很强的催化作用。但是，中药同样都存在副作用，还是要谨慎食用为好。最近，澳大利亚医学研究人员发现，人参和当归会诱发乳腺癌细胞生长，为此，澳洲中医界人士提醒女性慎用这两味中药。

专家认为，虽然乳腺癌与中药的研究还处于初始阶段，但是"是药三分毒"。对于患者，如果她们有乳腺癌或其他疾患，在正常治疗的同时自行服用任何中药，都应该告诉她们的主治医生，包括中医和西医。

2. 男性更年期自测

男性进入中年后，随着睾丸功能的逐渐减退，会出现内分泌功能紊乱，出现类似妇女"更年期综合征"的一系列表现，称为男性更年期。一般说来，男性更年期要比女性更年期晚 3～5 年。

下面 12 个问题，男性可用来自行测定是否进入更年期。

（1）使用原来近视眼镜已无法阅读书报，摘下眼镜放近看反而更清楚，说明眼睛已有"老化"现象。

（2）眼睛容易疲劳，看书久后感头痛、头昏。

（3）睡眠比以前减少，早睡早醒。

（4）饮酒者酒量大不如前。

（5）听力明显减弱。

（6）牙齿松动，咬不动较硬的食品。有假牙者要经常换假牙。

（7）对食物口味改变，爱吃甜、酸、辣、咸等重口味饮食，说明味觉有减退。

（8）嗜吃零食，特别是蜜饯类，这与口味减退有关。

（9）性欲减退。

（10）记忆力减退。

（11）开始怀念童年往事。

（12）学习与工作精力不如从前，甚至有力不从心的感觉。

如果以上 12 个问题中有 4 点以上为肯定的话，则表明自己已进入更年期。

男性更年期常会出现一些症状，如有人出现神经功能紊乱，头痛、失眠、情绪不稳等情况；有人出现心血管系统功能紊乱，比如阵发性心动过速或过慢、心悸等；有人出现消化系统功能紊乱，如食欲减退、便秘、腹泻等。

为了顺利度过更年期，男性除要保持精神愉快外，还要注意饮食保健，以预防和减少疾病的发生和更年期症状的出现。首先要多吃一些改善和增加性腺功能的食物，因为性腺功能改善后，可以从根本上减轻更年期出现的各种症状，具有这类作用的食物有海参、鱼肚、泥鳅、虾、淡菜、羊肉、羊肾、麻雀以及核桃、芝麻、动物内脏等。还要多吃一些有助于改善神经系统功能和心脏功能的食物，以达到安神、镇静、养心，减轻神经系统和心血管方面的不适症状，具有这类作用的食物有动物心脏、羊肾以及山药、核桃仁、大枣、龙眼、桑葚、茯苓饼、糖渍龙眼等。另外，多吃一些粗粮、薯类、豆类及各种新鲜蔬菜和水果，以保证无机盐、维生素及微量元素的充足供应。

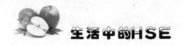

（七）职业病保健

1. 颈椎病的预防

（1）5分钟的颈椎操。即使身处办公室，你也可以很好地保养颈椎，比如利用休息时间练习一下颈椎操：端坐，全身不动，单头部运动，分别做低头、抬头、左转、右转、前伸、后缩；顺、逆时针环绕动作。每次坚持5分钟，动作要轻缓、柔和。

（2）按摩急救法。脖子后面，从头颅底端到躯干上部这一段分布着百劳穴的3个点。在工作时，不妨抽出短短几分钟来按摩这3个反应点，即刻缓解颈椎疲劳，放松全身。两手手指互相交叉，放在颈部后方，来回摩擦颈部，力度要轻柔，连续摩擦50次，颈部发热后，会有很放松和舒适的感觉。

（3）户外运动。软骨组织的营养可不是通过血液供给的，而是通过压力的变化来进行营养交换。如果缺乏活动的话，软骨就会遭遇营养不良，进而导致退化，增加户外活动是养护颈椎的方法之一，更适合游泳、打球、练瑜伽等运动项目。

（4）营养加分。作为一位忙碌的工作者，你可能没有足够时间准备健康营养的早餐和午餐，那晚餐可以吃一些营养骨髓的食物。中医认为，胡桃、山萸肉、生地、黑芝麻、牛骨等具有补肾髓的功能，把这些材料加入到晚餐中，可以起到强壮筋骨、推迟肾与脊柱蜕变的作用。

（5）中药热敷。将小茴香些许、盐半斤一起炒热，装入布袋，放在颈背部热敷30分钟，每日1次，可改善颈背部血循环，缓解肌肉痉挛。注意，别让温度太高或时间过久。功夫灸的效果更佳。也可通过正规渠道购买电热敷袋使用，能起到相同的效果。

2. 肩周炎的预防

手指爬墙：患者面向墙壁站立，双手上抬，扶于墙上，努力向上爬，要努力比前一天爬得更高一些。

后伸下蹲：患者背向站于桌前，双手后扶于桌边，反复做下蹲动作，以加强肩关节的后伸活动。

两手抱头：两足站立与肩同宽，两手紧抱后脑；两肘拉开，与身体平行；两肘收拢，轻挟头部，周而复始。

单手压肩：以右肩为例，两足似弓步，右脚在前，离桌尺余，左脚在后伸直；右手放于桌上，左手掌按右肩，利用身体向下向后摆动。

扩胸分肩：两足站立，与肩同宽，两手放于胸前，两肘与肩平直，手背在上，掌心朝下。扩开胸怀，分开双肩、吸气，回复时呼气。

旋摩肩周法：取坐位，以左手手掌贴于右肩，旋摩肩周 50～100 次，使之产生温热感，再换手。

旋肩：患者站立，患肢自然下垂，肘部伸直，患臂由前向上向后下画圈，幅度由小到大，反复数遍。

一旦患上肩周炎，服用止痛药只能暂时缓解症状，而且停药后多数会复发。锻炼是较佳的防治方案，若能坚持锻炼且配合针灸、推拿等方法治疗则效果更佳。

3. 腰椎间盘突出

腰椎间盘突出症患者大多是 20～40 岁之间的青壮年，近年来，随着生活方式的多样化，患者呈现出增多的趋势，严重地影响着他们的正常工作和日常生活。患上此病后虽需药物或手术治疗，但平时的护理更加重要。

下面我们就给大家综合介绍一些日常康复注意事项，希望有助于大家早日恢复健康。

（1）饮食安排。腰椎间盘突出症患者由于生病而减少了一定的活动量，所以饮食的摄入量也应适当减少，胃肠蠕动慢，消化功能降低，故应合理安排饮食，注意少食多餐；多吃蔬菜水果及豆类食品；多吃一些含钙量高的食物，如奶制品、虾皮、海带、芝麻酱、豆制品等，有利于钙的补充。但是腰椎已经长出骨刺（骨质增生）的病人则不宜摄取太多钙质，尽量少吃肉及脂肪量较高的食物，因其易引起大便干燥，排便用力而导致病情加重。

（2）起居安排。正确的站姿应该是两眼平视，挺胸，直腰，两腿直立，两足距离约与骨盆宽度相同，这样全身重力均匀地从脊柱、骨盆传向下肢，再由下肢传至足部，以成为真正的"脚踏实地"，可有效地防止髓核再次突出。站立不应太久，应适当进行原地活动，尤其是腰背部活动，以解除腰背部肌肉疲劳。正确的坐姿应是上身挺直，收腹，双腿膝盖并拢，如有条件，可在双脚下垫一踏脚或脚蹬，使膝关节略微高出髋部。久坐之后也应活动一下，松弛下肢肌肉。平时工作生活中要劳逸结合，注意正确姿势，避免弯腰抬重物。

（3）适当佩戴护腰和防寒保暖。对腰椎间盘突出症患者来说，佩戴护腰的主要目的是制动，就是限制腰椎的屈伸等运动，特别是协助背肌避免一些不必要的前屈动作，以保证损伤的腰椎间盘可以得到充分休息。另外，腰部受寒、受潮很容易让症状加重或复发，患者可以选择既制动又保暖、透气、不积汗的高性能康复护腰来保护腰部。

（4）注意卧具和卧位。过软的床铺在人体重量压迫下可形成中间低、四边高的形状，很容易影响腰椎的生理曲线，使椎间盘受力不均。因此，从治疗和预防腰椎间盘突出症的角度出发，选用木板床较为合适，一般使用时应将被褥铺垫得松软合适，这样才能在很大程度上维持腰椎的平衡状态。人的睡眠姿势大致可分为仰卧、侧卧和俯卧。仰卧时，只要卧具合适，四肢保持自然伸展，脊柱曲度变化不大。侧卧一般不必过于讲究左侧还是右侧卧位，因为人在睡眠中为了求得较舒适的体位，总要不断翻身。俯卧位时胸部受压，腰椎前凸增大，最容易产生不适感。所以，一般以采取仰卧位和侧卧位为宜。

（5）注意进行适当的康复体操。腰椎间盘突出症患者在急性期应该静养，不宜运动。在病情稳定后可以配以体操等适度的运动。在坚持合适的方法、正确的姿势、循序渐进的原则上，持之以恒，针对腰部进行适当的康复体操运动，比较有代表性的有倒走法、飞燕法、仰卧架桥法、左右转腰法等，大家可以寻找适合自己的体操进行训练。

（6）用药和手术的风险。腰椎间盘突出症的药物治疗一般仅以缓解症状为目的。目前市场上大多是抗炎消肿激素类等药物，药物的副作用很大；此外，中药副作用相对来说小一些，但有效的少见。而据统计，仅有10%患者需要手术治疗，一般来说手术分微创和开创手术，即使是近来流行的微创手术，术后效果也很难恢复到病前的水平，部分患者仍会复发。脊柱全体密布着重要的神经组织，椎间盘手术本身就存在风险，同时还有各种手术并发症、后遗症，一旦手术失败还会导致瘫痪。腰椎间盘突出症患者在患病和康复过程中应该根据自己的情况正确选择治疗方式，尽量采用安全系数高、健康的疗法。

二、心理健康

（一）心理健康的定义与影响因素

心理健康是指精神活动正常、心理素质好，大多与遗传（基因）相关，在社交、生产、生活上能与其他人保持较好的沟通或配合。

影响个体心理健康的主要因素有生理因素、家庭因素、学校因素、社会因素和个体因素等。

1. 生理因素

影响个体心理健康的生理因素包括遗传和疾病。遗传只是提供了一种可能性，个体是否表现出心理障碍或心理异常，关键还看后天环境作用。在遗传与环境的相互作用中，遗传因素所决定的不良发展倾向可以得到预防和纠正。除了遗传因素之外，病菌和病毒干扰、大脑外伤、化学中毒、严重躯体疾病等都可能会导致心理障碍甚至精神失常。

2. 家庭因素

家庭是社会的细胞，是孩子的第一所学校，家长是孩子的第一任教师。家庭对孩子的个性发展和心理健康具有十分重要的影响。

1）家庭结构

家庭结构是指家庭的人员组成。由于家庭规模和组成成员不尽相同，家庭又可分为不同的类型：由父母与未成年子女组成的核心家庭；由祖父母、父母和子女三代同堂组成的主干家庭；除了主干家庭成员之外，还有其他家庭成员的扩大家庭。对于家庭结构的完整性与儿童心理健康的关系，国内外曾经有过不少研究。多数研究发现，家庭结构完整且气氛和谐的家庭，有利于儿童心理健康的成长，而破裂家庭或父母关系不和谐、经常争吵以及单亲家庭，对儿童身心健康成长有明显不利的影响，也容易使儿童产生躯体疾病，同时心理障碍的发生率也较高。如今离婚率的上升，直接导致单亲家庭儿童数量大幅增加，单亲家庭儿童是一个不容忽视的群体。当然，单亲家庭儿

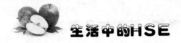

童不一定都存在心理健康、人格障碍等方面的问题，但他们存在心理健康问题的人较多。

2）父母的教养方式

父母的教养方式对个体的心理发育、人格的形成、归因方式及心理防御能力等都有着极其重要的影响。已有研究表明，父母不良的教养方式对青少年心理健康发展有很大的消极影响。父母的教养方式是影响儿童心理健康发展的重要因素，有调查表明，父母在教育中表现出态度不一致、压力过大、歧视、打骂或者冷漠等特点时，常常会引发儿童更多的心理健康问题。2001年，浙江省金华市高中生徐某用锤子把母亲活活砸死的恶性事件，应能给广大家长敲响一记警钟：在教育儿童的时候，千万不要忽略儿童的心理感受。

不同的教养方式对儿童的人格特征具有不同的影响。有研究者把家庭的教养方式分成三类：第一类是权威型教养方式，采用这种方式的父母在子女的教育中表现得过于支配，子女的一切都由父母控制，在这种环境下长大的儿童容易形成消极、被动、依赖、服从、懦弱甚至不诚实的人格特征；第二类是放纵型教养方式，采用这种方式的父母对子女过于溺爱，让子女随心所欲，有时还会存在失控的状态，在这种家庭环境中成长的儿童多表现为任性、幼稚、自私、野蛮、无礼、独立性差、唯我独尊、蛮横无理等性格特征；第三类是民主型教养方式，父母与子女在家庭中处于一种平等和谐的氛围中，父母尊重子女，给子女一定的自主权和积极正确的指导，父母的这种教育方式使儿童能形成积极的人格品质，如活泼、快乐、直爽、自立、彬彬有礼、善于交往、富于合作、思想活跃等，研究也发现，在这种民主、尊重的教养方式下，儿童行为问题的发生率显著偏低。此外，研究发现，多动—冲动型儿童的父母对他们的教养缺乏情感和理解，而多以惩罚、严厉、拒绝、否认等不良的教养方式管教儿童。在探讨教养方式与神经质关系时有研究发现，不良的教养方式，如拒绝、偏爱及过度保护等易使子女患神经症。

家长对子女心理健康的影响除了"言传"口头教育外，更重要的是"身教"，即通过儿童模仿的心理机制发生作用。家庭是影响人生的第一个场所，家长的品格、行为等都直接影响子女的成长。如果一个儿童生活在批评之中，他就学会了谴责；如果一个儿童生活在敌意之中，他就学会了争斗；如果一个儿童生活在恐惧之中，他就学会了忧虑；如果一个儿童生活在怜悯之中，他就学会了自责；如果一个儿童生活在讽刺之中，他就学会了自卑……反之，如果一个儿童生活在鼓励、忍耐、表扬、接受、认可、诚实、安全和友爱之中，他就学会了自信、耐心、感激、自爱、信任，他就会以良好的心理品质去应对日常的学习与生活。不少研究指出，家长本身的不良思想品德和行为表现会对儿童心理健康的发展产生极其负面的影响。

3）家庭环境

家庭环境是指家庭的物质生活条件、社会地位、家庭成员之间的关系，以及家庭成员的语言、行为和感情的总和，包括实物环境、语言环境、心理环境和人际环境。实物环境是指家庭中实物的摆设；语言环境是指家庭成员之间的用语是否文明礼貌，是否体现民主平等；人际环境是指尊老爱幼、各尽其责等；心理环境是指父母与子女之间的态度及情感交流的状态。家庭环境的好坏直接影响孩子的心理健康。

探讨家庭环境对儿童心理健康的影响，多集中于家庭心理环境和家庭心理气氛对儿童心理健康的影响。实际上，家庭物理环境对儿童的心理健康也有影响。例如，居住条件的好坏及儿童的生活质量，也影响着儿童的身心发展。如果有一个属于自己的小天地，哪怕只是一个抽屉、一张书桌或一个角落，都有助于培养儿童的独立人格，还可以充分地满足儿童的兴趣、爱好，有利于儿童个性的培养和发展。此外，家庭居室应保持整洁美观，这有利于儿童养成爱清洁、有条理的好习惯，对于陶冶情操、培养美感也有潜移默化的作用。

家庭气氛是否融洽和谐直接关系着家庭幸福，对孩子的成长发展特别是心理健康状况起着至关重要的作用。有调查表明，在气氛和谐的家庭里生活的儿童表现出有自信心、情感丰富和互相友爱的特点；在不和谐的家庭里生活的儿童情绪时常处于紧张状态，从而严重影响心理成长的健康。

亲子沟通状况对儿童的心理健康也存在影响。有研究者把亲子沟通区分为"良好的沟通"和"有问题的沟通"，结果发现，"良好的沟通"与青少年的自尊、心理健康呈

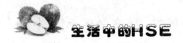

正相关，而与青少年的孤独、抑郁呈负相关。

3. 学校因素

在个体发展中，学校教育是相当重要的。学校的重要性首先表现在它在较长时间内对学生进行系统教育，而这种系统教育对学生社会行为的塑造是其他机构无法替代的。学校的重要性还在于它有着独特的、完整的组织机构，是社会的雏形，对学生了解社会、发展自我和人格培养以及构建合乎角色的社会行为模式起着重要的作用。

1）学校的管理和教学

教育体制、学校的教育指导思想和管理制度等会对学生心理健康产生影响。它们往往决定了一所学校的校风，决定了教师教学和学生学习的状况。目前，我国相当一部分中小学仍然没有摆脱"应试教育"体制的影响，片面追求升学率，给教师和学生造成了很大的影响。学生在巨大的升学压力下产生心理障碍的事情屡屡发生。在对因睡眠障碍接受心理咨询的学生进行分析后发现，他们的问题主要来自于学习的压力；来自教师、家长以及个体自尊心方面的压力等，使个体长期处于一种智力超负荷的紧张状态，因此容易出现厌学、神经衰弱、失眠、注意力减退等心理与行为问题。在这种教育思想的影响下，学生的学习兴趣以及学习的主动性、创造性被扼杀，从而严重影响他们身心的健康发展。

2）学校环境

学校环境包括物理环境和心理环境，这两个方面对学生的心理健康有重要作用。

首先，从学校的物理环境来说，宽敞明亮、优美整洁的教学环境能使学生心灵得到净化，促进学生心理健康发展。

其次，良好的校风、班风能够感染学生，促使学生积极向上、团结互助、人际关系和谐。而消极的校风、班风则会使学生情绪低落、压抑，纪律涣散，师生关系紧张，教师的教育态度和水平也必然降低，这会给学生心理健康带来极坏的影响。

再次，人际关系和谐是心理健康的一个重要标志，也是对心理健康的一种强有力的促进。学生能否在学校里和老师、同学建立起和谐的人际关系，对他们心理的健康发展有着极为深远的影响。研究表明，学生出现的各种心理问题进而产生较为严重的心理障碍的情况，很多都和学校中不良的师生关系、不和谐的同学关系密切相关。如果一个学生拥有良好的师生关系和同伴关系，通常有很强的归属感和安全感，心理也会健康发展；而一个师生关系紧张，经常遭到同学排斥、否定、冷淡、不平等对待的学生，往往产生更多的敌对、自卑、焦虑、恐惧等负面情绪，这必然影响学生心理的健康发展。所以，建立良好的学校人际关系是促进学生心理健康发展的重要途径。

　　3）教师因素

　　师生之间的关系及相互影响是在师生活动过程中形成和发展起来的，在这一过程中，教师的认知和行为对学生的发展有着至关重要的作用。可以说，教师的一举一动、一言一行对学生都会有一定的影响。因此，教师对学生心理健康的影响，越来越受到研究者们的关注。

　　教师的言语对学生心理健康的消极影响主要表现在教师任意使用不当语言，以及在批评学生时使用过激言行等方面。教师不良言行会使学生的自尊心、自信心受损，从而产生焦虑、自卑、胆怯等负面表现，甚至导致人格扭曲，留下终生的人格缺陷。惩罚是教师教育学生时一种常见行为，这种行为会对学生的心理健康产生很多负面影响。第一，经常受惩罚的学生很容易形成"破罐子破摔"心理，丧失自信心和自尊心。这种情况不仅会对学生造成难以弥补的创伤，严重时甚至会导致学生出现精神疾病和生理性病变等。第二，过多的惩罚易导致学生产生恐惧心理或逆反心理，变得内向、自闭或憎恨社会与人生。第三，惩罚易导致学生说谎、隐瞒等虚假欺骗行为，极易使学生养成粗暴、冷酷、霸道的作风，容易走入歧途。

　　作为学生人格的影响者和知识与技能的传授者，教师在学生的人格发展方面的影响仅次于父母。教师的心理健康与心理辅导能力，会对学生的心理健康产生深远影响，而且直接影响其教育教学的效果。

　　4. 社会因素

　　人生活在现实的社会环境中，在一定的社会环境影响下成长和发展。社会的文化

背景、社区环境、社会风气和学习生活环境等因素都会对个体的心理健康产生影响。

1）社会环境

一定的社会文化背景，如风俗习惯、道德观等，以一种无形力量影响着人们的生活观念，并反映在人们的价值观、世界观、信念、动机、兴趣和态度等上。不同文化对人的心理健康有不同的影响。据报道，在美国、英国等文化发达地区，歇斯底里患者较为少见，而抑郁症患者则相当普遍；在文化水平较低的国家，如印度、埃及等，歇斯底里患者较多，而抑郁症患者则较少。社会意识形态对人心理健康的影响，主要是通过社会信息作为媒介实现的，如影视剧、报纸杂志、书籍、网络等。健康的社会信息有助于个体的心理健康发展，而不健康的社会信息则会对个体的心理健康造成严重危害。

目前，大众媒体中不健康的内容已经成为危害个体心理健康成长的重要因素。由于个体成长发育的不成熟，是非判别能力低，自制力差，因而很容易受各种不健康信息的毒害，甚至心理变态，误入歧途。社会风气通过家庭、同伴、传媒等途径影响着个体的心理健康。社会上一些不良风气，如"走后门"、"一切向钱看"，都会对学生心理产生不良影响，影响他们形成正确的价值观、人生观、世界观。因此，学校、家庭和社会要共同抵制不良社会风气，为个体的心理健康发展提供一个健康向上的社会气氛。

2）学习工作环境

个体所处的学习工作环境不同，其心理健康状况也会有所不同。研究发现，城乡差异、人口密度、环境污染、噪音污染等对人的心理状况都会产生一定的影响。如在城市中生活的学生，由于住房单元化，同邻居、同伴的交往明显减少，这种状况不利于他们的人际交往，容易形成孤僻的性格。拥挤、嘈杂的环境使人的心理严重超负荷，人与人之间更容易产生矛盾、争吵，生活在其中的个体也容易产生心理紧张情绪，从而导致心理健康问题。

3）社区环境

社区是指由若干群众或社会组织（机关、团体）聚集在某一地域内形成一个在生活上相互关联的大集体，如住宅小区、村庄等。社区对生活在其中的个体心理健康的影响主要是通过社区文化、社区环境产生的，如组织个体观看健康的影视剧；参观各种有益于身心发展的展览；组织个体参加社区的各种公益活动，如绿地领养、照顾孤寡老人等。在这些有意义的活动中，个体不仅锻炼了能力，而且净化了心灵。

5. 个体因素

除了上述原因之外，个体某些方面的因素如外貌、能力、习惯等也会影响个体的心理健康状况。外貌较好、能力较强的个体，往往在生活中会更多地获得别人的喜爱，会获得更多满意、愉快的心理感受，有助于其心理健康；反之，外貌较差的个体，特别是处于青春期的时候，往往容易产生自卑、焦虑的负面情绪，从而导致出现心理问题。因此，对这些群体更应当关注他们的心理健康，注意疏导和调节。

人格特征是与心理健康密切相关的品质，同样是遇到生活挫折，对不同个性的人，其影响程度完全不同。有的人会无法承受，或消极应付，从此自暴自弃；有的人则会接受现实，正视挫折，加倍努力，奋发图强。研究表明，特殊人格特征往往是导致相应精神疾病，特别是神经官能症的发病基础。例如，谨小慎微、求全求美、优柔寡断、墨守成规、敏感多疑、心胸狭窄、事事后悔、苛求自己等强迫性人格特征，很容易导致强迫性神经症；易受暗示、耽于幻想、情绪多变、容易激惹、自我中心、自我表现等特殊人格特征，很容易导致癔病。因此，培养健全人格是保持身心健康的关键因素之一。

总之，上述各种因素是相互影响、相互制约的，一个人的身心健康往往是在综合因素的作用下而形成的。因此，我们在观察、分析、诊断心理失调、心理障碍或心理疾病时，务必要充分考虑各种因素的作用，逐一考察，逐一排除，全面正确地做出诊断，并采取有效措施进行调适和治疗。

（二）常见的心理健康疾病及治疗措施

1. 焦虑症

焦虑症，又称为焦虑性神经症，是神经症这一大类疾病中最常见的一种，以焦虑情绪体验为主要特征，可分为慢性焦虑（广泛性焦虑）和急性焦虑发作（惊恐障碍）两

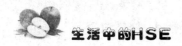

种形式。该症状的主要表现为无明确客观对象的紧张担心，坐立不安，还有植物神经症状（心悸、手抖、出汗、尿频等）。

焦虑症是神经症中相对治疗效果较好，愈后较好的疾病，通常采用心理治疗和药物治疗。自我保健的方法有：

（1）睡眠充足。多休息及睡眠充足是减轻焦虑的一剂良方。

（2）保持乐观。当你缺乏信心时，不妨想象过去的辉煌成就，或想象你成功时的景象，从而化解焦虑与不安，恢复自信。

（3）幻想。这是舒缓紧张与焦虑的好方法。幻想自己躺在阳光普照的沙滩上，凉爽的海风徐徐吹拂。试试看，也许会有意想不到的效果。

（4）深呼吸。当你处于情绪紧张时，不妨深呼吸，有助于舒解压力，消除焦虑与紧张。

（5）转移注意力。假如眼前的工作让你心烦紧张，你可以暂时转移注意力，把视线转向窗外，使眼睛及身体其他部位适时地获得松弛，从而使身心得以暂时缓解。你也可以起身走动，暂时避开低潮的工作气氛。

心理专家指出，克服焦虑症的关键在于自我的坚持与努力。焦虑症是一种心理疾病，想治愈，还需从根本上解开患者的心病，需要长期进行维持式自我调节。

研究人员证实，精神性焦虑除了与遗传原因相关外，与心理因素也同样存在着明显的联系。现实生活中的挫折，抑或难题，是主要的诱因之一。认知心理学认为，人们对事物的判断和评估，是导致情绪变化的直接原因。当生活出现难题或处境不顺时，有些人就会过于紧张，并且总把目光紧盯在同一件事上，就会成为精神性焦虑的危险人群。

2. 抑郁症

抑郁症又称抑郁障碍，以显著而持久的心境低落为主要临床特征，是心境障碍的主要类型。临床可见心境低落与其处境不相称，情绪的消沉可以从闷闷不乐到悲痛欲绝，甚至悲观厌世，有自杀企图或行为；有患者会发生木僵；部分病例有明显的焦虑和运动性激越；严重者可出现幻觉、妄想等精神疾病症状。每次发作持续至少2周以上，长者甚至达数年，多数病例有反复发作的情况。每次发作大多数患者可以得到缓解，部分会有残留症状或转为慢性症状。

抑郁症的日常保健：首先，注意睡眠、饮食和运动，调整好自己的情绪，养成良好的睡眠习惯。运动能防止抑郁症的发作，有助于增强体力。它也能较快地提高情绪，短时间地缓冲抑郁。其次，明确你的价值和目标，反复出现低落情绪的一个重要原因是你实际做的事情同你真正看重的事情不相称。这种不相称本身并没有明确表现出来，而是笼统地表现为抑郁情绪。

3. 强迫症

强迫症（OCD）属于焦虑障碍的一种类型，是一组以强迫思维和强迫行为为主要临床表现的神经精神疾病，其特点为有意识的强迫和反强迫并存，一些毫无意义、甚至违背自己意愿的想法或冲动反反复复侵入患者的日常生活。患者虽体验到这些想法或冲动是来源于自身，极力抵抗，但始终无法控制，二者强烈的冲突使其感到巨大的焦虑和痛苦，影响学习、工作、人际交往甚至生活起居。

近年来，有统计数据提示，强迫症的发病率正在不断攀升，有研究显示，普通人群中强迫症的终身患病率为 $1‰\sim2‰$，约 2/3 的患者在 25 岁前发病。强迫症因具有起病早、病程迁延等特点，常对患者社会功能和生活质量造成极大影响。世界卫生组织（WHO）所做的全球疾病调查中发现，强迫症已成为 $15\sim44$ 岁中青年人群中造成疾病负担最重的 20 种疾病之一。另外，患者常出于种种考虑在起病之初未及时就医，例如一些怕脏、反复洗手的患者可能会在症状严重到无法正常生活时才来就诊，起病与初次就诊间可能相隔十年之久，这无形中增加了治疗的难度，因此我们应当提高对强迫症的重视，早发现早治疗。

虽然强迫症的病因至今未阐明，但依据现有的研究资料，我们不难发现其发病不仅与人的个人心理因素有关，同时也与脑内神经递质分泌失衡有着莫大的联系。因而，不论是心理治疗还是药物治疗，对缓解患者病情都起着举足轻重的作用。强迫症的自我调节方法：

（1）强迫症患者应充分认知和领悟，无条件接纳"真实我"，"真实我"是一个人的历史，是一个人原原本本的样子，真实的自我固然有许多缺陷和弱点，但也具备足够的智慧，请相信自己，尊重自己的第一选择。这样，病态的、过度的反应将失去表达的意义，换句话说，形成症状的顽固的病理性条件反射，将失去其所需要的能量。在所有的性格缺陷中，完美欲和虚荣心是最有害的，正是它们造成了对真实自我的压制和排斥，所以，其他的性格缺陷都可以不加理会，唯独完美欲和虚荣心必须放弃。

（2）认识症状的"意义"，认识其病理性、过度性、虚幻性和表演性，在接纳的前提下灵活应对，但不以应对症状为中心。强迫观念以接纳为主，强迫行为或动作以克制为主，但不论接纳还是克制，不论成功还是失败，事后都不做评价，不悔恨、自责和忧虑，要迅速转移注意力。要接受恐惧情绪，强化正确认知，决不逃避，勇敢面对和迎击所惧怕的事物。欲望和焦虑是一体两面，是共生共存的关系。

（3）"理想我"是自我想象出来并加以效仿和追逐的理想人格模式，而不是人生的理想和奋斗目标。所以，要做真实的自己，就要淡化"理想我"，但人生理想和奋斗目标是不能没有的。"理想我"既已出现，就与"真实我"一起组成了一个人的完整人格，我们的一言一行以及任何一种选择，不是出于真实我，就是出于"理想我"，都是有道理、有意义的，我们没有理由不接纳任何一方。如果"现实我"自动自发的反应或第一选择是出于"真实我"，那么，第二反应、第二选择就出于"理想我"，不要给自己留太多思考斟酌的时间，应迅速把选择付诸行动，然后无条件接纳这个选择，不做评判。

（4）通过长期的认知领悟和行动（生活实践的磨炼），使恐惧感得到化解，使"真实我"得到成长壮大（性格改变），以达到彻底治愈并更新和超越自我之目的。为自己定好位，树立一个可行的奋斗目标，停止心理能量的内耗，把能量释放到生活中，释放到自己的事业中，症状将得到缓解和蜕化，所有的缺陷也将得到补偿。康复之路是曲折的，绝没有一蹴而就的方法，必要经历一番痛苦的历练，化蛹为蝶，梅香扑鼻。

4. 精神分裂

精神分裂症是一组病因未明的常见性精神疾病，多起病于青壮年，常有感知、思维、情感、行为等方面的障碍和精神活动的不协调，病程迁延，常可发展为精神活动衰退等特征。此病发病率高，国内可达 6.55‰，占精神障碍（不含神经病）终生患病率（13.7‰）的半数左右，是精神疾病中患病率最高的一种。此病严重损害患者的心身健康，给患者家庭、社会带来沉重的负担。其症状早期主要表现为性格改变，如无故不理睬人、不讲卫生、对镜子独笑等。病情进一步发展，会表现为思维紊乱，思考过程缺乏逻辑性和连贯性，言语零乱、词不达意。此外，比较典型的症状还有妄想与幻觉。所谓妄想，即毫无事实根据的想象，如认为有人要谋害他，或者以为自己是伟大的发明家或盖世英雄等。

精神分裂症"三级预防"的理念和措施如下：

一级预防是指从病因发病机理方面采取措施，预防疾病的发生，但因精神分裂症的发病原因及发病机理还没充分阐明，所以一级预防难以实施。

二级预防是指在精神分裂症的一级预防尚未实施以前，预防的重点应放在早期发现、早期治疗和预防复发上，因此要在社区建立精神病防治机构，在群众中普及精神病防治知识，消除对精神病人的歧视和不正确看法，使病人能及早发现并得到治疗。在返回社会后，要动员家庭和社会，尽可能地为病人康复创造条件。在社区康复机构的指导和训练下，在家庭的支持下，逐步提高病人的社会适应能力，减少心理应激，坚持服药，避免复发，减轻残疾。

三级预防主要指康复，指尽可能利用所取得的条件和时机采取综合的手段，使患者达到最大限度的功能恢复。精神分裂症病人复发率高，及时采取有效措施，尽量让病人不复发或少复发，是重要的防治措施，可以从以下几方面入手：

第一，出院前的心理治疗。精神分裂症病人在经住院治疗后，大部分精神症状消失，自知力部分恢复，通过心理治疗，帮助病人认识自己精神症状的变化，鼓励病人树立战胜疾病的信心，并教会病人一些防治疾病复发的方法。

第二，对患者家属进行健康教育，使病人得到医疗监护的同时，保证对其心理上的支持。

第三，建立定期门诊随访制度，指导患者服用适量的维持治疗药物，通过药物治疗，预防复发。研究表明，维持服药治疗可以有效降低复发率。

第四，提高全社会的心理卫生知识水平，可以从社区开始进行精神卫生知识的宣教工作，在有条件的社区建立日间工疗站，为精神分裂症病人营造良好的社会环境，帮助他们重返社会。

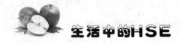

5. 路怒症

路怒症，指汽车或其他机动车的驾驶人员在驾驶时有攻击性或愤怒的行为，如粗鄙的手势、言语侮辱、故意用不安全或威胁安全的方式驾驶车辆。这个说法源于上个世纪80年代，产生于美国。"路怒"（road rage）一词被收入新版牛津词语大辞典，用以形容在交通阻塞情况下开车压力与挫折所导致的愤怒情绪。路怒症的有效防治措施有：

（1）加强心理治疗。在目前驾驶人员素质与公共交通等因素无法有效改变的情况下，防止"路怒症"最切实的做法是做好自我调节，让心情"慢下来"。因此，尽量提早出门，让行车时间更充足，在适当情况下也可有意识放慢车速，让自己尽量从容些。遇到堵车，在车里听听音乐或摆弄一些有趣的小玩意以转移注意力。另外，司机还需要从心理治疗、提高行车素养等方面入手，学会自我心理调节，情绪激动时不宜驾车。要经常自我检查，若发现自己连续几周有严重的情绪失控、食欲不振、失眠、焦躁不安等症状，应及时就医。平时也要通过一些轻松的活动排解和释放紧张情绪，比如爬山、打球、唱歌、跳舞、游泳等都十分有效。

（2）提高行车素养。目前，英国、芬兰、韩国等国家每年都会对驾驶员进行心理测评，合格者方准上路，这种做法值得我们去借鉴。公共交通管理部门应倡导司机提升行车素养，养成礼让驾车、"宁停三分，不抢一秒"等文明行车习惯。驾校在培训学员时可考虑开设相关课程，帮助学员树立正确、健康的"驾驶观"。

（3）疏导公共交通。近年来，我国私家车增长速度过快，而配套的交通基础设施建设和管理工作跟进速度不够，造成汽车数量超过道路负载，从而更多地引发了"路怒症"的发生。因此，大力发展包括公交、地铁、轻轨等公共交通，可以有效减轻城市车辆负载、改善城市交通面貌、缓解有车族"路怒症"。

（三）心理健康自测

1. 心理健康自测量表简介

指导语：表2.2中是一些你10天内有关心理状况的题目，请仔细阅读每一道题，然后根据自己的实际情况认真填写。没有对错之分，请尽快回答，不要在每一道题目上过多地思考。每道题目后面都有5个等级供你选择，分别用1、2、3、4、5分来表示程度的高低。

　　注意：每道题目的后面只能选一个等级，在相应的数字上面画√。每一道题目都要回答，填完表后请仔细检查一遍，是否每道题都做了选择，如果有遗漏请补上；检查是否每道题目都只选择了一个，如果有选择两个的情况，请更正过来。

表2.2　心理健康自测表

	无	轻度	中度	偏重	严重
1. 我的情绪忽高忽低	1	2	3	4	5
2. 做什么我都感觉很困难	1	2	3	4	5
3. 我喜欢与人争论、抬杠	1	2	3	4	5
4. 我对许多事情心烦	1	2	3	4	5
5. 遇到紧急的事我手发抖	1	2	3	4	5
6. 我怕应付麻烦的事	1	2	3	4	5
7. 我情绪低落	1	2	3	4	5
8. 我感到人们对我不公平	1	2	3	4	5
9. 我觉得大多数人都不可信任	1	2	3	4	5
10. 感到别人对我不友好	1	2	3	4	5
11. 我不能控制自己的脾气	1	2	3	4	5
12. 我感到前途没有希望	1	2	3	4	5
13. 我喜怒无常	1	2	3	4	5
14. 我要求别人十全十美	1	2	3	4	5
15. 我抱怨自己为什么比不上别人	1	2	3	4	5
16. 我觉得别人想占我的便宜	1	2	3	4	5
17. 我觉得活着很累	1	2	3	4	5

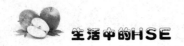

	无	轻度	中度	偏重	严重
18. 看见房间杂乱无章，我就安不下心来	1	2	3	4	5
19. 我着急时，嘴里有味	1	2	3	4	5
20. 我感到有坏事发生	1	2	3	4	5
21. 我觉得疲劳	1	2	3	4	5
22. 我常为一些小事而心情不好	1	2	3	4	5
23. 我不能容忍别人	1	2	3	4	5
24. 别人有成绩我生气	1	2	3	4	5
25. 我的想法与别人不一样	1	2	3	4	5
26. 遇到挫折，我便灰心	1	2	3	4	5
27. 我经常责备自己	1	2	3	4	5
28. 害怕别人注意我的短处	1	2	3	4	5
29. 我一紧张就头痛	1	2	3	4	5
30. 我有想打人或骂人的冲动	1	2	3	4	5
31. 感到别人不理解我，不同情我	1	2	3	4	5
32. 我固执己见	1	2	3	4	5
33. 我对什么事情都无兴趣	1	2	3	4	5
34. 我心理焦躁	1	2	3	4	5
35. 我过人多、车多的十字路口心里发慌	1	2	3	4	5
36. 遇到紧急的事我尿多	1	2	3	4	5
37. 我心情时好时坏	1	2	3	4	5
38. 我对新事物不习惯	1	2	3	4	5
39. 我觉得别人亏待我	1	2	3	4	5

续表二

	无	轻度	中度	偏重	严重
40. 我感到很难与人相处	1	2	3	4	5
41. 我有想摔东西的冲动	1	2	3	4	5
42. 我觉得我出力不讨好	1	2	3	4	5
43. 总觉得别人在背后议论我	1	2	3	4	5
44. 我爱揭别人短处	1	2	3	4	5
45. 我喜怒都表现在脸上	1	2	3	4	5
46. 我紧张时睡不好觉	1	2	3	4	5
47. 我无缘无故感到紧张	1	2	3	4	5
48. 遇到应采取果断行动的事时，我就犹豫不决	1	2	3	4	5
49. 我与人相处，关系紧张	1	2	3	4	5
50. 该做的事做不完我放不下心	1	2	3	4	5
51. 不分场合发泄我的不满	1	2	3	4	5
52. 我控制不住自己的情绪	1	2	3	4	5
53. 当别人看我或议论我时，我感到不自在	1	2	3	4	5
54. 别人对我成绩的评价不恰当	1	2	3	4	5
55. 我感到自己没有什么价值	1	2	3	4	5
56. 我总觉得别人在跟我作对	1	2	3	4	5
57. 我情绪波动很大	1	2	3	4	5
58. 我担心别人看不起我	1	2	3	4	5
59. 我感到忧愁	1	2	3	4	5
60. 我心情紧张，胃就不舒服	1	2	3	4	5
61. 在变化的情况下，我不能灵活处事	1	2	3	4	5

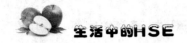
续表三

	无	轻度	中度	偏重	严重
62. 我觉得我的学习或工作的负担重	1	2	3	4	5
63. 我对比我强的人不服气	1	2	3	4	5
64. 我不能接受别人意见	1	2	3	4	5
65. 我对亲朋好友忽冷忽热	1	2	3	4	5
66. 我觉得生活没意思	1	2	3	4	5
67. 我担心自己有病	1	2	3	4	5
68. 遇到紧张情况，我心跳厉害	1	2	3	4	5
69. 我与陌生人打交道感到为难	1	2	3	4	5
70. 我心里总觉得有事	1	2	3	4	5
71. 我在公共场合吃东西感觉不舒服	1	2	3	4	5
72. 我的朋友有钱，吃好穿好会使我感到不舒服	1	2	3	4	5
73. 我做事想怎么做就怎么做	1	2	3	4	5
74. 我难以完成工作任务或学习任务	1	2	3	4	5
75. 我紧张时手出汗	1	2	3	4	5
76. 我常用刻薄的话刺激别人	1	2	3	4	5
77. 我遇到脏、乱、差环境或强烈噪声，不能承受	1	2	3	4	5
78. 我容易激动	1	2	3	4	5
79. 我的感情容易受到伤害	1	2	3	4	5
80. 到一个新环境，我不能很快适应	1	2	3	4	5

中国人心理健康量表包括10个分量表，每个分量表各自包括8个项目，10个分量表的名称和包括的项目如下：

（1）人际关系敏感。人际关系敏感分量表主要反映被试者人际关系敏感与紧张等。人际关系敏感分量表包括 10、14、23、31、49、53、71、79 共 8 个项目。

（2）心理承受力差。心理承受力差分量表反映被试者容易感觉困难，容易受挫折，觉得学习与工作负担过重，对环境脏、乱、差难以承受等。心理承受力差分量表包括 2、17、26、40、50、62、74、77 共 8 个项目。

（3）适应性差。适应性差分量表反映被试者对事、对人、对环境的不适应等问题。适应性差分量表包括 6、18、35、38、48、61、69、80 共 8 个项目。

（4）心理不平衡。心理不平衡分量表表示被试者感到别人对自己不公平，抱怨自己赶不上别人，看到别人有成绩自己生气，对比自己强的人不服气，出力不讨好等。心理不平衡分量表包括 8、15、24、39、42、54、63、72 共 8 个项目。

（5）情绪失调。情绪失调分量表反映被试者心情不愉快、情绪不稳定、控制情绪差等问题。情绪失调分量表包括 1、13、22、37、45、52、57、65 共 8 个项目。

（6）焦虑。焦虑分量表反映被试者对许多事情烦心，经常预感有坏事情发生，无缘无故紧张、心里烦躁、担心自己有病等。焦虑分量表包括 4、20、28、34、47、58、67、70 共 8 个项目。

（7）抑郁。抑郁分量表反映被试者情绪低落，感觉事情忧愁，对事情不感兴趣，对前途感觉没有希望，生活没意思等问题。抑郁分量表包括 7、12、21、33、55、59、66 共 8 个项目。

（8）敌对。敌对分量表反映被试者爱与人争论，爱挑人毛病，爱刺激别人，有摔东西的冲动，不能控制脾气等问题。敌对分量表包括 3、11、41、44、51、76、78 共 8 个项目。

（9）偏执。偏执分量表反映被试者不信任别人，固执己见，总认为别人在背后议论自己，不能接受别人的意见，我行我素等问题。偏执分量表包括 9、16、25、32、43、56、64、73 共 8 个项目。

（10）躯体化。躯体化分量表反映被试者心理紧张，特别是情绪紧张产生躯体不适的症状，手发抖、头痛、尿多、睡不好觉、胃不舒服、心跳加快等躯体症状。躯体化分量表包括 5、19、29、36、46、60、68、75 共 8 个项目。

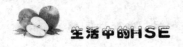

2. 中国人心理健康量表的评分方法

中国人心理健康量表的每一个项目都采用5级评分法，即无症状评为1分，轻度评为2分，中度评为3分，偏重评为4分，严重评为5分。每个分量表得分之和除以8就是该量表的得分。

怎么知道心理健康测试的结果是否正常，心理健康是否存在问题呢？我们以2分为分界线。中国人心理健康量表的平均分分为两种，一种是分量表的平均分，一种是心理健康总体的平均分。如果分量表的得分小于2分，就表示被试者不存在心理健康的问题。如果该分量表得分在2～2.99分，表示被试者存在轻度的心理健康问题。例如，在人际关系敏感分量表中即10、14、23、31、49、53、71、79共8个项目之和被8除为2.8分，表示被试者存在轻度的人际关系敏感的问题。如果该量表得分在3～3.99分之间，表示被试者存在中等程度的心理健康问题。如果该量表得分在4～5分，表示被试者存在着严重的心理健康问题。

分量表表示被试者心理健康10个方面是否存在问题或存在问题的严重程度。

中国人心理健康量表80个项目的得分之和除以80，即成为心理健康问题检测的总均分。总均分小于2分，表示被试者总体看来心理健康。总均分为2～2.99分，表示被试者总体看来存在轻度的心理健康问题。总均分为3～3.99分，表示被试者总体看来存在中度的心理健康问题。总均分为4～5分，表示被试者总体看来存在严重心理健康问题。

3. 如何对待中国人心理健康量表测试得分

（1）中国人心理健康量表某些得分在2～2.99分之间表示存在轻度的心理健康问题，被试者可以通过自我心理调适，如果一周后效果不明显，可找心理医生帮助。

（2）心理健康量表得分如果超过4分，可以找心理医生咨询，请求帮助。

（3）心理健康量表总分在2～2.99分，可以进行自我心理调适予以解决。

（4）心理健康量表总分在3～4分，可以自我调适，如果调适效果不满意，可找心理医生进行咨询，寻求解决方法。

（5）心理健康量表总均分超过4分，建议请心理医生帮助解决。

三、树立家规、家训、家风

家风通常是指家庭或家族的传统风尚或作风，从某种程度上讲，家风是家规的外在表现，家规是一个家庭的"核心价值观"。中国传统文化特别强调修、齐、治、平的统一，把"齐家"与"修身"、"治国"、"平天下"提到同等重要的地位。许多家训名篇被奉为治家教子的宝鉴而流传极广。编者以为，立家规、正家风，关键在于做到"严字当头"，贵在"落到实处"。

首先，要严立家规家训。用好家风培育子女好作风、塑造后人好品行，是我国优秀传统文化的重要构成部分。如《颜氏家训》《朱子家训》等家规家训，虽历经千年依旧焕发光彩，为后人恪守和传承。我们党的优秀干部焦裕禄、谷文昌、杨善洲等人"清白持家、简朴本分、为民奉献"的家风仍在当地干部群众中广为传颂。

其次，要切实践行家规家训。要将"家规"悬挂在家庭的显著位置，时时提醒家庭的每个成员，遵德守礼，良言善行，代代相传，以良好的家规家风，形成全社会和谐良好的风气。家长的一言一行都是家规的模板、家风的旗帜，只有以身作则、恪守家规，才会有威严。要廉洁自律、清白做人、干净做事，要求别人做到的自己首先做到，不让别人做的自己坚决不做。要知行合一、言行一致，始终保持高尚的道德情操和健康的生活情趣。

良好家风的形成与传承有赖于家庭成员的共同努力，我们每一个人都有责任和义务从自身做起，弘扬传统文化、传承优秀家风，共同构建风清气正的人文环境。

四、健康应急处理

（一）头部"遇袭"

头骨非常坚硬，一般情况下的外力很少会造成头骨损伤。倘若外力过于猛烈，则颈部、背部、头部的脆弱血管就成了"牺牲品"。

急救办法：如果头上被撞击部位鼓包，那么用冰袋敷患处可以减轻水肿。如果是被砸后流血，则立即用干净毛巾按压伤口止血，然后去医院缝合伤口，并检查是否有

内伤。如果被砸伤者昏厥，那么需要叫救护车速送医院，不能耽搁。

绝对禁止：不要让伤者一个人入睡。在被砸伤的 24 小时之内，一定要有人陪伴伤者，如果伤者入睡，那么每 3 个小时就要叫醒伤者一次，并让伤者回答几个简单问题，以确保伤者没有昏迷，没有颅内伤，比如脑震荡。

亮警报：当伤者出现惊厥、头晕、呕吐、恶心或行为有明显异常时，需要马上入院救治。

（二）异物入眼

任何细小的物体或液体，哪怕是一粒沙子或是一滴洗涤剂进入眼中，都会引起眼部疼痛，甚至损伤眼角膜。

急救办法：首先是用力且频繁地眨眼，用泪水将异物冲刷出去。如果不奏效，就将眼皮捏起，用大量干净清水冲洗眼睛。注意，如患者佩戴隐形眼镜，冲洗前一定要将隐形眼镜摘掉。

绝对禁止：不能揉眼睛，无论多么细小的异物都会划伤眼角膜并导致感染。如果异物进入眼部较深的位置，务必立即就医，请医生来处理。

亮警报：如果腐蚀性液体溅入眼中，必须马上去医院进行诊治；倘若经过自我处理后眼部仍旧不适，出现灼烧、水肿或是视力模糊的情况，则需要请医生借助专业仪器来治疗，切不可鲁莽行事。

（三）流鼻血

鼻子流血是由于鼻腔中的血管破裂造成的，鼻部的血管都很脆弱，因此流鼻血也是比较常见的小意外。

急救办法：身体微微前倾，并用手指捏住鼻梁下方的软骨部位，持续 5～15 分钟。如果有条件的话，放一个小冰袋在鼻梁上也有迅速止血的效果。

绝对禁止：用力将头向后仰起的姿势会使鼻血流进口中，慌乱中会有一部分血液被吸进肺里，既不安全也不卫生。

亮警报：如果鼻子出血持续 20 分钟仍未止住，患者应马上就医。如果流鼻血的次数过于频繁且毫无原因，或是伴随着头疼、耳鸣、视力下降、眩晕等症状，必须立即就医，查明原因。

（四）异物卡喉

急救办法：首先要迅速叫救护车。在等待救护车的同时，需要采取以下措施：让患者身体前倾，用力拍患者后背两肩中间的位置，如果不奏效，那么需要站在患者身后，用拳头抵住患者的腹背部，用另一只手握住拳头，上下用力推进推出五次，帮助患者呼吸。患者也可以采取自救措施：将自己的腹部抵在一个硬质的物体上，比如厨房台面，然后用力挤压腹部，将卡在喉咙里的异物弹出来。

绝对禁止：不要给正在咳嗽的患者喂水或是其他食物。

亮警报：只要窒息发生，都需要迅速叫救护车抢救患者。

（五）扭伤

当关节周围的韧带被拉伸得过于严重，超出了其所能承受的程度，就会发生扭伤。扭伤通常还伴随着青紫与水肿。

急救办法：在扭伤发生的 24 小时之内，尽量做到每隔 1 小时用冰袋冷敷一次，每次半小时。将受伤处用弹性压缩绷带包好，并将受伤部位垫高。24 小时之后，给患处热敷，促进受伤部位的血液流通。

绝对禁止：不能随意活动受伤的关节，否则容易造成韧带撕裂，恢复起来比较困难。

亮警报：如果经过几日的自我治疗和休息之后，患处仍旧疼痛且行动不便，那么有可能是骨折、肌肉拉伤或者韧带断裂，需要立即到医院救治。

（六）烫伤

烫伤分为三级：一级烫伤会造成皮肤发红有刺痛感；二级烫伤发生后会看到明显的水泡；三级烫伤则会导致皮肤破溃变黑。

急救办法：一旦发生烫伤后，立即将被烫部位放置在流动的清水下冲洗或是用凉毛巾冷敷，如果烫伤面积较大，伤者应该将整个身体浸泡在放满冷水的浴缸中。也可以将纱布或是绷带松松地缠绕在烫伤处以保护伤口。

绝对禁止：不能采用冰敷的方式治疗烫伤，冰会损伤已经破损的皮肤导致伤口

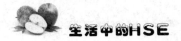

恶化。不要弄破水泡，否则会留下疤痕。不要随便将抗生素药膏或油脂涂抹在伤口处，以防沾染脏东西。

亮警报：三级烫伤、触电灼伤以及被化学品蚀伤务必到医院救治。另外，如果病人出现咳嗽、眼睛流泪或者呼吸困难，则需要专业医生的诊治。二级烫伤如果面积大于手掌的话，患者也应去医院诊治，专业的处理方式可以避免留下疤痕。

（七）炸伤

如果炸伤眼睛，切勿用手揉擦或冲洗，可滴入适量消炎眼药水并平躺，后立即拨打 120 前往医院救治。

如手部或足部被鞭炮等炸伤流血，应迅速用双手卡住出血部位的上方，同时可敷云南白药粉或三七粉止血。如果出血不止又量大，可用橡皮带或粗布扎住出血部位的上方，抬高患肢，立即送医院清创处理。注意捆扎带每 15 分钟要松解一次，以免患部缺血坏死。

（八）烧伤

若烧处皮肤尚完整，应尽快局部降温。将烧伤处置于水龙头下冲洗约 10 分钟，然后用一块松软潮湿、最好是消过毒的垫子包扎伤处。注意不要太紧。若皮肤已被烧坏，用一块干净的垫子覆盖其上以保护伤处，减少感染危险。

（九）木刺

被扎伤后，首先检查有无木刺残留在伤口里。由于木刺等残留有可能使伤口化脓，被刺伤的伤口往往又深又窄，更易于破伤风细菌的侵入繁殖和感染，故必须先取出异物，消除隐患。

被扎进木刺后，如果确实已将木刺完整拔出，可再轻轻挤压伤口，把伤口内的污血挤出来，以减少伤口感染的机会；然后用碘酒消毒伤口的周围，再用酒精涂擦 2 次，最后用消毒纱布包扎好。如果伤口内留有木刺，在消毒伤口周围后，可用经过火烧或酒精涂擦消毒的镊子设法将木刺完整地拔出来。如果木刺外露部分很短，镊子无法夹住时，可用消毒过的针挑开伤口的外皮，适当扩大伤口，使木刺尽量外露，然后用镊子将其拔出。为预防伤口发炎，最好服新诺明 2 片，每日 2 次，连服 3～5 天。

若木刺刺进指甲里时，应立即就医诊治。

切记，若木刺刺入较深，应到医院注射破伤风抗毒素（TAT），以防破伤风。

（十）手指切伤

若手指被切伤，如果出血较少且伤势不重，可在清洗之后，以创可贴覆于伤口。不主张自行在伤口涂抹红药水或止血粉之类的药物，只要保持伤口干净即可。若伤口大且出血不止，应先止住流血，然后立刻赶往医院。具体止血方法是：伤口处用干净纱布包扎，捏住手指根部两侧并且高举过心脏，因为此处的血管是分布在左右两侧的，采取这种手势能有效止血。使用橡皮止血带效果会更好，但要注意，每隔20～30分钟必须将止血带放松几分钟，否则容易引起手指因缺血坏死。

（十一）酒精中毒

酒精中毒是因摄入过多含乙醇（酒精）的饮料引起中枢神经先兴奋后抑制的失常状态。一般可自愈，极少数严重者会因呼吸循环衰竭而死亡。濒危状态表现为昏迷不醒，频繁抽搐，呼吸浅慢，心率减慢，脉搏无力，血压下降。呼吸心跳不规律，甚至停止。

急救措施：对轻度中毒者，首先要制止其继续饮酒；随后可找些梨子、荸荠、西瓜之类的水果解酒；也可以用刺激咽喉的办法引起呕吐反射，将酒等胃内容物尽快呕吐出来（对于已出现昏睡的患者不适宜用此方法），然后安排其卧床休息，注意保暖，且需避免呕吐物阻塞呼吸道。观察呼吸和脉搏的情况，如无特别，睡醒后可自行康复。如果患者卧床休息后，还有脉搏加快、呼吸减慢、皮肤湿冷、心情烦躁的现象，则应马上送医院救治。

严重的急性酒精中毒者会出现烦躁、昏睡、脱水、抽搐、休克、呼吸微弱等症状，应该从速送往医院急救。注意，切勿饮用咖啡和浓茶解酒。

（十二）煤气中毒

轻度中毒者会感到头晕、乏力、恶心、呕吐、面色苍白。中毒严重者，会出现呼吸困难、抽搐、昏迷等症状。急救方法是：立即打开门窗，把病人移到空气流通处，解开病人衣扣使呼吸流畅，注意保暖以防受凉形成肺炎。轻度中毒者可饮用热茶，并

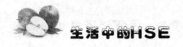

做深呼吸，同时送医院救治。

（十三）食物中毒

食物中毒一旦发生，要冷静地分析发病原因，及时采取应急措施。一般说来，可以采取以下三种急救方法。

1. 催吐法

一旦有人食物中毒，首先要了解一下吃了什么东西，如果吃下时间不长，可以用催吐方法。一般可饮用较浓的盐开水，盐与水的比例为20克/200毫升，如果喝一次不吐，可多喝几次催吐，尽快排出毒物；也可取鲜生姜60克捣汁加温开水冲服，有护胃解毒作用。若是吃了变质的荤腥类食物，则可服用十滴水催吐；也可通过刺激咽喉催吐。

2. 下泻法

若是中毒食物吃下去时间较长，但患者精神较好，则可以服用泻药，以利泄毒。可用生大黄30克煎后服用，或番泻叶10克泡茶饮服，均有通下解毒作用。若中毒者为老年人可用元明粉20克，以开水冲服缓泻排毒。

3. 解毒法

若是食用变质的虾、蟹引起食物中毒，可取食醋100毫升，加入200毫升水，稀释后一次服下。此外还可用紫苏30克、绿豆15克、生甘草10克，一次煎汤服用；也可用金银花300克、马齿苋50克煎服。若是误食变质的饮料或防腐剂，则可用鲜牛奶或其他含蛋白质的饮料灌服。

如果经过上述急救，病人的症状未见好转，或中毒较严重，吐泻过频，脱水明显，则应尽快送医院救治。在治疗的过程中，应给予病人良好的护理，避免其精神紧张，注意休息，防止受凉。如患者能饮水，应鼓励其多饮茶水、淡盐水。

（十四）突发心肌梗死

突发心肌梗死的患者，应采取以下方法急救。

1. 安静

让其就地平卧，松解领口，头部侧左或侧右，室内保持安静和空气流通，不可搬扶病人走动或乱加搬动以免加重病情。有条件的话可立即吸氧。发病4小时内，发生心室颤动和猝死的危险性最大。

2. 镇痛

给其舌下含硝酸甘油片一片（0.3～0.6毫克），或用消心痛/冠心苏合丸一粒（5～10毫克），也可将速效救心丸10粒舌下含服。有条件的话可肌注杜冷丁50～100毫克，以缓解疼痛，同时立即拨打120呼叫急救中心。

如病人发生休克，应将其头放低，足稍抬高，以增加头部血流。若病人发生烦躁不安时，可服用安定等镇静止痛药。暂不给其吃食物，少饮水，要保暖。如病人突然丧失意识、脉搏消失，应立即"口对口"进行呼吸并进行胸外心脏按压。

抢救过后，须留院卧床观察3～7天，切不可随意走动。

五、疾病预防

（一）艾滋

艾滋病是英文AIDS的中文译音，全称是"获得性免疫缺陷综合征"，是由人类免疫缺陷病毒（HIV）又称"艾滋病病毒"引起的恶性传染病。目前，艾滋病尚没有根治方法，病死率很高，已成为严重威胁人类健康的全球性公共卫生问题。

目前尚无预防艾滋病的有效疫苗，因此最重要的是采取预防措施。具体方法有以下几种：

（1）坚持洁身自爱，不卖淫、嫖娼，避免婚前、婚外性行为。

（2）严禁吸毒，不与他人共用注射器。

（3）不要擅自输血和使用血制品，要在医生的指导下使用。

（4）不要借用或共用牙刷、剃须刀、刮脸刀等个人用品。

（5）使用安全套是性生活中最有效预防性病和艾滋病的措施之一。

（6）要避免直接与艾滋病患者的血液、精液、乳汁和尿液接触，切断其传播途径。

（二）疟疾

疟疾是经蚊虫叮咬或输入带疟原虫者的血液感染引起的虫媒传染病。寄生于人

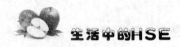

体的疟原虫共有四种，即间日疟原虫、三日疟原虫、恶性疟原虫和卵形疟原虫。

疟疾的预防，指对易感人群的防护，包括有个体预防和群体预防。个体预防是疟区居民或短期进入疟区的个人，为了防蚊叮咬、防止发病或减轻临床症状而采取的防护措施。群体预防是对高疟区、爆发流行区或大批进入疟区较长期居住的人群，除包括含个体预防的目的外，还要防止传播。要根据传播途径的薄弱环节，选择经济、有效且易为群众接受的防护措施。其预防措施有蚊媒防制、药物预防或疫苗预防。

（三）糖尿病

糖尿病是一组以高血糖为特征的代谢性疾病。高血糖则是由于胰岛素分泌缺陷或其生物作用受损，或两者兼有引起。糖尿病引起的持续高血糖症状，会导致各种组织特别是眼、肾、心脏、血管、神经受损造成慢性损害和功能障碍。

现在，糖尿病已经不仅是老年人高发的一种疾病了，年轻人甚至儿童患病的人数也在不断增长。对于糖尿病来说，最好的治疗方法就是预防。预防糖尿病的方法有以下几种。

1. 注意饮食

饮食不当，就可能会引发糖尿病。发表在美国文献（2008 年 10 月刊）上的糖尿病研究证明，每天喝两份以上含糖果汁的人，比起每月喝一份以下含糖果汁的，患糖尿病的几率高 31%。预防糖尿病的一个重要原则，就是在吃之前搞清楚哪些水果果糖含量少。

2. 注意运动

如果运动和睡眠不当，同样可能导致糖尿病的发生。因此建议每周至少做 3 次有氧活动，每次不少于半小时；每隔 1 小时，要站起来活动一下。

3. 睡眠充足

睡眠质量对于人体的健康来说至关重要。如果长期处于睡眠不足或者睡眠过量的状态，身体也会出现各种健康问题。如果每天睡眠不足 6 个小时，或者超过 9 个小时，患糖尿病的几率就会大大增加。

4. 控制糖类摄入

这是相对的，糖尿病人不能吃糖，是指日常饮食不能直接食用蔗糖和葡萄糖，一定量的果糖是可以吃的，因为果糖的分解不需要胰岛素的参与。但是蜂蜜的主要成分是果糖与葡萄糖，患者应慎食。

5. 不暴饮暴食，生活有规律

尽可能不在短时间内吃含葡萄糖、蔗糖成分多的食品，吃饭时要细嚼慢咽，多吃蔬菜，这样可以防止血糖在短时间内快速上升，对保护胰腺功能有帮助，特别是有糖尿病家族史的人。

6. 定期服用预防药物

每年吃 3 个月的烟酰胺、Vb1、Vb6、甲基 Vb12（弥可保）增强胰腺功能；在季节更替时吃半个月的 Vc、Ve，剂量要大，可以提高自身免疫力，清除自由基。

7. 锻炼身体

运动不但是治疗糖尿病的一种方法，也是预防糖尿病的一种方法。运动能够锻炼身体，降低血糖值，预防糖尿病，同时，远离多种疾病的困扰，让我们身体更加健康。

8. 控制体重

我们在生活中经常看到肥胖的糖尿病病人。要预防糖尿病首先就要防止肥胖，据调查研究，体重每增加 1 斤，患糖尿病的概率就增加 5％。如果您是肥胖患者应尽量减肥，保证健康。

（四）高血压

高血压（hypertension）是指以体循环动脉血压（收缩压和/或舒张压）增高为主要特征（收缩压≥140 毫米汞柱，舒张压≥90 毫米汞柱），同时伴有心、脑、肾等器官的功能或器质性损害的临床综合征。高血压是最常见的慢性病，也是心脑血管病最主要的危险因素。正常人的血压随内外环境变化在一定范围内波动。血压水平随年龄的增长而逐渐升高，以收缩压最为明显，但 50 岁后舒张压呈现下降趋势，脉压也随之加大。

近年来，人们对心脑血管病多重危险因素的作用以及心、脑、肾靶器官保护的认识不断深入，高血压的诊断标准也在不断调整。同一血压水平的患者发生心脑血管

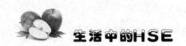

病的危险不同，因此有了血压分层的概念，即发生心脑血管病危险度不同的患者，适宜的血压水平应有不同。血压值和危险因素评估是诊断和制定高血压治疗方案的主要依据，不同患者高血压管理的目标不同，医生面对患者时会在参考标准的基础上，根据其具体情况判断该患者最合适的血压范围，采用针对性的治疗措施。在改善生活方式的基础上，推荐使用24小时长效降压药物控制血压。除评估诊室血压外，患者还应注意清晨血压的监测和管理，以控制血压，降低心脑血管疾病的发生率。

1. 适当放松并为自己减轻压力

随着时代的发展，生活压力越来越大，导致精神和身体长时间无法放松，长此以往便会引发高血压等疾病，所以要学会给自己减压，可以唱唱歌或者出去旅游一下，让自己的生活节奏慢下来，这样有利于身心健康。

2. 保持良好的睡眠

睡眠不好会对心脑血管造成很多不好的影响，也会导致血压升高。长期睡眠不好会导致高血压等疾病的发生，所以要想预防高血压，良好的睡眠也很重要。

3. 要做到饮食低盐、低脂肪

食用盐过多会有使血压升高的危险，如果想远离高血压，要注意平时的饮食，做到低盐、低脂肪。

4. 改变不良的生活习惯，保持规律的生活

饮食上要遵守低补、戒烟、限酒的原则，保持清淡均衡的饮食，多食高纤维食物，减少进补甜食和高胆固醇的食物。同时要保持规律的生活，每天定时吃饭，定时睡眠，定时运动等。

5. 适当地进行运动

适量的运动能够改善心脑血管的功能，防止高血压的发生，但是不要过量运动，尤其是患有心脑血管疾病的人在运动的时候一定要当心，过量的运动可能造成心绞痛、心力衰竭、脑中风以及猝死等。一般认为，60～80岁的老年人的运动量应为：60岁的人心率达到110～120次/分钟，70岁的人心率达到100～110次/分钟，80岁的人心率达到90～100次/分钟。

6. 控制体重

体重增加意味着脂肪等热量食物摄入过多。脂肪过多可能会引起血压升高，导致心脏病，所以应该控制体重。

7. 服用一些有利于血管运行以及净化血液的保健品

鱼油能减低胆固醇、甘油三酯和血液黏稠度，大豆卵磷脂是一种脂肪乳化剂，能帮助脂类物质代谢，改善血液黏稠度，银杏能扩张血管，改善血液循环，降低血压。

（五）类风湿性关节炎

类风湿关节炎（RA）是一种病因未明的慢性、以炎性滑膜炎为主的系统性疾病。其特征是手、足小关节的多关节、对称性、侵袭性关节炎症，经常伴有关节外器官受累及血清类风湿因子阳性，可导致关节畸形及功能丧失。

预防类风湿性关节炎，可从以下三个方面进行。

1. 加强锻炼，增强身体素质

经常参加体育锻炼，如保健体操、气功、太极拳、广播体操、散步等。凡坚持体育锻炼的人，身体的抗病能力较强，抗御风寒湿邪侵袭的能力比没经过体育锻炼者要强。

2. 避免风寒湿邪侵袭

要防止受寒、淋雨和受潮，关节处要注意保暖，不穿湿衣、湿鞋、湿袜等。夏季暑热，不要贪凉，暴饮冷饮等。秋季气候干燥，天气转凉，要防止受风寒侵袭。冬季寒风刺骨，注意保暖是最重要的。

3. 注意劳逸结合

饮食有节、起居有常、劳逸结合是强身保健的主要的生活方式。临床上，有些类风湿性关节炎患者的病情虽然得到基本控制，正处于疾病恢复期，但由于劳累而重新加重病情或复发的情况时常发生，所以要劳逸结合，活动与休息适度。

（六）肺结核

结核病是由结核分枝杆菌引起的慢性传染病，可侵及许多脏器，以肺部结核感染最为常见。排菌者为其重要的传染源。人体感染结核病菌后不一定发病，当抵抗力

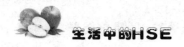

降低或细胞介导的变态反应增高时，才可能引起临床发病。若能及时诊断，并予合理治疗，大多可获临床痊愈。预防肺结核可参考以下方法：

1. 生活有规律

避免长期过劳和精神紧张，饮食均衡，适当进行锻炼，增强抵抗力。

预防与结核病有关的相关疾病，如糖尿病可使结核病发生机会增加 4 倍；艾滋病可使结核病发生机会增加 30 倍；其他如矽肺、胃肠道疾病、肿瘤、器官移植、长期使用糖皮质激素等，都会使其发病率增加。

2. 对高发人群进行预防性治疗

其重点对象是新发现的排菌肺结核病人家庭内受感染的儿童，特别是 5 岁以下儿童和结核菌素试验反应≥15 mm 或有水疱的成员。

3. 防止结核菌传播

减少结核菌播散：加强健康教育，使大家懂得结核病的危害和传染方式（呼吸道传染），养成不随地吐痰的卫生习惯；结核病患者的痰应进行焚烧或药物消毒处理；病人在咳嗽、打喷嚏时，要用手帕捂住嘴或戴口罩，不要近距离面对他人说话；病人所用物品应经常消毒和清洗。

4. 减少环境中结核菌的浓度

结核菌容易在通风不良的较密闭环境（如冬季居室内、拥挤的集体宿舍或工棚）中传播。因此要养成定时开窗通风的习惯，尽量让日光进入室内。

5. 注意隔离，减少接触传染源

隔离排菌肺结核病人，不要让其到拥挤的、人与人接触频繁的场所活动或工作。家庭成员中的病人，除积极治疗和经常通风换气外，最好单独住一室，无条件者也要分床睡。

6. 为儿童接种卡介苗

接种卡介苗可以使儿童产生一定水平的特异性抵抗力，减少感染机会，或在感染自然结核菌时限制细菌的生长繁殖，减少细菌数量，起到预防儿童结核病，特别是结核性脑膜炎、血行播散性严重结核病的作用。接种对象为新生儿。

（七）中风

中风(脑卒中)是人类健康的第三大杀手。在我国，它是仅次于癌症的第二大致死疾病。我们应该如何预防中风呢？

1. 及时治疗诱发病

可能引起中风的疾病，如动脉硬化、糖尿病、冠心病、高血脂病、高黏血症、肥胖病、颈椎病等应及早治疗；高血压是发生中风最危险的因素，有效控制血压是预防中风的一个中心环节，患者应坚持服药，并长期观察血压变化情况，以便及时处理。

2. 重视中风的先兆征象

留意头晕、头痛、肢体麻木、昏沉嗜睡、性格反常等先兆中风现象。一旦小中风发作，应及时到医院诊治。

3. 消除中风的诱因

导致中风的因素有很多，如情绪波动、过度疲劳、用力过猛等，所以平时要注意心理预防，保持精神愉快，情绪稳定。提倡健康的生活方式，规律的生活作息，注意保持大便通畅，避免因用力排便造成的血压急剧升高，引发脑血管病。

4. 饮食结构合理

饮食应以低盐、低脂肪、低胆固醇为宜，适当多食豆制品、蔬菜和水果，戒除吸烟、酗酒等不良习惯。每周至少吃3次鱼，尤其是富含 $\omega-3$ 脂肪酸的鱼类，或者服用深海鱼油。$\omega-3$ 脂肪酸能够调节血液的状态，使血液较不容易形成凝块，进而防止脑梗死。

5. 户外活动注意事项

在进行户外活动前，应逐步适应环境温度，室内温度不宜过高，避免从较高温度的室内突然转移到温度较低的室外(特别是老年人)，外出注意保暖。有过中风史的患者还要注意走路，防止跌跤。此外，日常生活中起床、低头系鞋带等动作要缓慢，洗澡时间不宜过长等。

6. 饮食营养

日常护理应结合病人的病情轻重，有无并发症，能否正常饮食，消化吸收功能、

体重、血脂、血糖、电解质等因素，提出不同的饮食营养治疗方案。急性期的饮食治疗能让病人安全度过危急阶段，为恢复创造条件。恢复期的饮食，应纠正营养不足或营养失调的饮食结构，促进恢复和防止复发。

7. 中草药单验方

（1）槐花茶。用法：取槐花茶 6 克，开水泡，当茶饮。此茶有预防中风的功效。

（2）蒜泥。用法：取蒜 2 瓣去皮，捣烂如泥，涂于牙根部。此方有宣窍通闭的功效，主治中风不语。

（3）松毛酒。用法：取松毛 1 千克，酒 1.5 千克，将松毛在酒中泡 7 日，每次 1 杯，日服 2 次。此酒用于中风口眼歪斜，主治两脚疼痛、腰痛、两足不能立地。

（4）当归荆芥。用法：取当归、荆芥各等份炒黑，共研细末，每用 9 克，水 1 杯，酒少许，煎服。此方用于中风不省人事、口吐白沫、产后风瘫。

（5）细辛末。用法：取细辛（又名杜衡）适量，研为细末，吹入鼻孔。此方用于中风不省人事。

（6）蔬菜汤。用法：将洗净的红萝卜、白萝卜削皮后切成不规则的块状，用适量的清水煮 15 分钟左右，用网筛筛去蔬菜，只饮汤。此汤可提高免疫力。

（八）埃博拉

1. 何为埃博拉

埃博拉（Ebola Virus）又译伊波拉病毒，是一种十分罕见的病毒，1976 年在苏丹南部和刚果（金）（旧称扎伊尔）的埃博拉河地区发现它的存在后，引起医学界的广泛关注和重视，"埃博拉"由此而得名。埃博拉是用来称呼一群属于纤维病毒科——埃博拉病毒属下数种病毒的通用术语，是一种能引起人类和灵长类动物产生埃博拉出血热的烈性传染病病毒，感染后，死亡率很高，在 50％至 90％之间，致死原因主要为中风、心肌梗死、低血容量休克或多发性器官衰竭。

2. 埃博拉病毒的传播方式

预防疾病首先要了解该疾病的传播途径。埃博拉病毒可以通过多种方式传播，主要通过与被感染者的分泌物直接接触而传播，特别是与血液、衣物、床上用品和针头的接触，被传染的风险极高。

埃博拉病毒有潜伏期，因此在症状没有显现的时候，极易传染给患者的朋友、家人甚至医院的其他人。而在部分卫生医疗机构，重复使用未经消毒的针头、未经消毒的医院服装等都容易扩大该疾病的传染范围，引发恶劣的大规模传染事件。

3. 埃博拉感染后的症状

感染埃博拉病毒的病人常出现的症状包括发烧、头痛、关节和肌肉疼痛、腹泻、呕吐、胃痛、食欲不振、胃寒等。

4. 如何预防埃博拉病毒

预防埃博拉病毒感染的措施有以下几种：

（1）避免进入已感染或被怀疑感染的地区，若有特殊情况必须前往该地，最好先行访问疾病控制中心网站，了解最新的疫情信息。

（2）如果您已经身处被感染地区，应尽量避免出入该地的医疗机构，除非您怀疑自己已被感染。

（3）避免与感染者直接接触。该病是以通过与受感染的病人直接接触为主要传播渠道，病人的血液和身体分泌物也能传播该病病毒。

（4）受感染的尸体或遗骸也同样具有传染性，因此处理受感染的尸体时要格外小心，还应避免与死者或感染者的被褥和衣物直接接触。

（5）避免购买、处理或食用受感染地区的肉类。

（6）经常并彻底地洗手。应使用抗菌肥皂洗手，且在脱掉防护服后再次洗手。

（7）如果您是医疗工作者、志愿者，或者您的身边有受感染的病人，要极为谨慎，建议穿防护衣，并使用一次性口罩、手套。

（九）诺如病毒

1. 认识诺如

诺如听来文雅，发起威来可毫不含糊，感染对象有成人也有儿童。若感染了诺如病毒，48小时内会出现恶心、呕吐、发热、腹痛和腹泻等症状，严重时可因腹泻脱水致死。但成人和儿童发病的表现不同，应牢记以下早期症状，帮助您尽早识别诺如

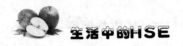

感染。

儿童：以呕吐为主，婴幼儿发生脱水时，会有啼哭无泪或少泪、异常瞌睡、烦躁等表现。

成人：以腹泻为主，粪便为稀水便或水样便，无黏液脓血。

2. 诺如六征

诺如病毒之所以猖獗，与它的六个特性有关。

1）变异速度快

该病毒每隔 2～3 年即可出现能引起全球流行的新变异株。以前感染过诺如病毒而获得的抗体对再次感染没有显著的保护作用，所以无法形成长期免疫力，极易造成反复感染。

2）生存能力强

该病毒在 0～60℃内均可存活，所以冬天也能发作，且能耐受 pH 值为 2.7 的酸性环境，胃酸也奈何不了它，因此接触诺如病毒，需使用一定浓度的含氯消毒剂，酒精和免冲洗的洗手液对它没有效果。

3）感染途径广

该病毒可通过水源、食物、物品等传播，牡蛎等贝类食品和生鲜果蔬更容易被污染。

4）传播方式多

该病毒主要通过粪-口传播，也可通过空气中的气溶胶传播，病毒可以黏附在类似 PM2.5 颗粒大小的粉尘上，由鼻子吸入，通过呼吸道感染。

5）致病力度大

只需 18 个病毒粒子即可致病。

6）排毒周期长

病人发病前至康复后 2 周，均可在粪便中检测到诺如病毒，但是患病期和康复后的 3 天内是传染性最强的时期。

尽管如此，诺如病毒却并不难对付，为一种自限性疾病，一般 3 天左右症状即可消失，重症患者对症治疗亦可康复！

发现孩子有呕吐、腹泻等症状时，家长需采取以下措施：

（1）立即带孩子前往二级及以上的综合性医疗机构或儿科专科医院就诊；让孩子隔离休息，待症状完全消失后的 72 小时方可出门。

（2）饮食卫生，生熟分开；贝壳类水产品应烧熟煮透；多吃新鲜、易消化、含钙高的食品；多喝开水，定期清洗饮水机。

（3）注意个人卫生，开窗通风，及时用含氯消毒剂清洗患儿的呕吐物、排泄物。

（十）冬春季常见呼吸道传染病

冬春季是各种呼吸道传染病的高发季节，常见的有流行性感冒、流行性脑脊髓膜炎、流行性腮腺炎、百日咳、白喉、水痘、麻疹、传染性非典型肺炎和高致病性禽流感等，主要通过空气和飞沫传播，易在人群中引起暴发流行，应该做好相应的预防措施。

常见症状：发热、咳嗽、咽疼、头疼、皮疹、全身不适等类感冒症状。

预防措施如下：

（1）保持良好的卫生习惯，不随地吐痰，咳嗽、打喷嚏时捂住口鼻，勤洗手、勤洗头、勤洗澡、勤晒被褥，不共用毛巾。

（2）学校等人群聚集的场所应经常开窗通风，保持空气清新。

（3）合理均衡饮食，保持充足睡眠，坚持体育锻炼，增强身体抵抗力。

（4）有呼吸道症状时应尽快就医诊治，做到早发现、早报告、早隔离、早治疗。

（5）只要具备适应症，应尽可能进行预防接种，或者采用适当的中、西药物预防。

（6）避免前往人群密集的公共场所。

（十一）痛风

病风患者饮食要有规律，一日三餐要定食定量。不仅要避免暴饮暴食，还要防止饥饿，否则可引起血尿酸水平增高，不利于早期预防。要做到低蛋白、低脂肪和低盐饮食。每天可以用百合、薏米、土茯苓、莲子、山药与粳米等谷物煮粥食用，对痛风

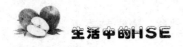

的预防也有一定作用。

肥胖是痛风的好发因素，因此肥胖病人应加强运动，减少体重。痛风的预防还要做到彻底戒酒，尤其是啤酒，酗酒可促成痛风性关节炎的发作。痛风患者要限制高嘌呤食物的摄入，尽量少吃一些含中等量嘌呤的食物，如果食用，最好用水煮后，去除汤汁再食用。

戒吃高嘌呤及高胆固醇的食物对痛风的预防十分有益，如动物内脏（肝、肠、肾、脑等）、海产（鲍鱼、蟹、龙虾、三文鱼、沙甸鱼、吞拿鱼、鲤鱼、鲈鱼、鳟鱼、鳕鱼等）、贝壳类食物、肉类、黄豆食物、扁豆、菠菜、椰菜花、芦笋、蘑菇、浓汤、麦皮等。

痛风患者不可饮酒，尤其是啤酒、绍兴酒，一旦血中酒精浓度高达 200 mg/dl，血中乳酸会随着乙醇的氧化过程而增加，令肾脏的尿酸排泄受阻，使血中尿酸增加，引发痛风。痛风患者还需戒吃酸性食物，如咖啡、煎炸食物、高脂食物。酸碱不平衡，会影响身体机能，加重肝肾负担。

（十二）心脑血管疾病

心脑血管疾病是一种致残率高的疾病。一旦罹患此病，会给家庭造成非常大的经济负担和心理压力。早一日预防，早一点安心。我国每年大约有 260 多万人死于心脑血管疾病，由于该病是因血液的病变所引起，它对人体的损害是隐秘的、渐进的、全身性的，没有明显的临床症状，因而被称为"沉默的疾病"，然而它却是人类健康的第一杀手。心脑血管疾病在西方发达国家已呈下降趋势，而在我国却成为危害中老年人健康的头号杀手。在我国，心脑血管疾病的病人绝对数已居世界首位。

目前，中老年人应对心脑血管疾病的发病原因及症状有所了解，掌握病因、预防发病，及时或定期对身体进行健康检查是值得提倡的，一旦发病需及时治疗。心脑血管疾病发病最主要的原因为动脉粥样硬化，而高脂血症是动脉粥样硬化的病理基础，因此预防及治疗心脑血管疾病最重要的是降低血脂，预防动脉粥样硬化，这样才能降低心脑血管疾病的发病率和死亡率，才能延长寿命。

我们可以通过以下方法预防心血管疾病：

（1）经常参加医学检查，将疾病尽早控制。若发现有高血压、糖尿病、高脂血症，应该积极控制血压、血糖和血脂。只有从源头上抓起才能减少高血压、糖尿病、高脂血症并发心脑血管疾病的几率。吸烟是影响中老年人健康的一大危险因素，吸烟时间愈长，心脑血管疾病的发生率愈高，死亡率也显著升高。有文献报告称，吸烟者比同龄不吸烟的心脑血管疾病病人的死亡率高 4～6 倍。

（2）合理膳食，以素为主。高脂肪、高胆固醇食入过多是心脑血管疾病重要的发病原因之一。摄入过量的脂肪会在心脑血管壁内沉积，形成粥样斑块，逐渐加重便会出现心脑血管疾病，所以"以素为主，合理膳食"是中老年人身体健康的重要保证。

（3）坚持适度的锻炼。走路、慢跑、游泳等皆是适合中老年人进行锻炼的方式。锻炼贵在坚持，坚持锻炼方能达到预防心脑血管疾病的目的。因为锻炼能使体内新陈代谢加快，血流加速，从而防止心脑血管内血栓的形成，达到预防的目的。

（4）以健康的心态处理生活和工作中的矛盾，急躁会使心率加快，血压升高，容易引发心脑血管病和心肌梗死。

（十三）消化道疾病

预防消化道疾病可从以下方面入手：

（1）要注意保暖，饮食规律，宜清淡，切忌刺激性、酸性食物。

（2）避免过于劳累与情绪激动，避免应激性溃疡的发生。

（3）长期服用糖皮质激素和阿司匹林类抗血小板药物的患者，应注意防范药物不良反应引起的消化道损伤，如果感觉上腹痛胀不适、泛酸、黑便、呕吐等症状，一定要及时到医院就诊，避免出现消化道大出血、穿孔等危险。

（4）40 岁以上的人群胃肠道容易有恶变产生，所以要特别小心，有以上症状或不适时，最好去做一个全面的检查。

第三节　相关科学名词荟萃

一、PM 2.5

PM2.5 一般指细颗粒物。细颗粒物指环境空气中空气动力学当量直径小于或等

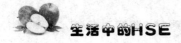

于 2.5 微米的颗粒物，它能较长时间悬浮于空气中，其在空气中含量浓度越高，就代表空气污染越严重。

虽然 PM2.5 只是大气成分中含量很少的物质，但它对空气质量和能见度等有重要的影响。与较粗的大气颗粒物相比，PM2.5 粒径小，表面积大，活性强，易附带有毒、有害物质（例重金属、微生物等），且在大气中的停留时间长、输送距离远，因而对人体健康和大气环境质量的影响更大。

细颗粒物的化学成分主要包括有机碳（OC）、元素碳（EC）、硝酸盐、硫酸盐、铵盐、钠盐（Na^+）等。

二、挥发性有机化合物（VOC）

根据 WHO（世界卫生组织）定义，VOC 是指在常温下，沸点 50℃～260℃的各种有机化合物。VOC 按其化学结构，可以进一步分为烷类、芳烃类、酯类、醛类等。目前已鉴定出的有 300 多种，最常见的有苯、甲苯、二甲苯、苯乙烯、三氯乙烯、三氯甲烷、三氯乙烷、二异氰酸酯（TDI）、二异氰甲苯酯等。

三、噪音分贝（dB）

dB 是一个比值，也是一个数值，或一个纯计数方法，没有任何单位标注。由于它在不同领域有着不同的名称，因此也代表不同的意义。

（1）在日常生活中，住宅小区告知牌上面标示噪音要低于 60 分贝，也就是要低于 60 dB，在这里，dB（分贝）的定义为噪声源功率与基准声功率比值的对数乘 10 的数值，不是一个单位，而是一个数值，用来形容声音的大小。

（2）在无线通讯领域，衡量一个地点的某一无线基站通信信号强度也可以用 dB 表示。如测得某宾馆 402 房间的 1 号无线基站通信信号强度为－90 dBm，这里的定义为该房间的有用信号强度与所有信号（包括干扰信号）的比值。常见表示形式：dBm、dBw。

（3）在天线技术方面，dB 是衡量天线性能的一个参数，名称为增益。它是指在输入功率相等的条件下，实际天线与理想天线在空间同一点处所产生的信号的功率密度之比。常见表示形式：dBi、dBd。

四、基础代谢率（BMR）

BMR 也就是身体基础代谢（Basal Metabolism，BM）的速率。基础代谢是一天内维持人体生命活动正常进行所需的最低能量。基础代谢率就是基础代谢活动的速度快慢，单位一般为：能量/单位表面积/单位时间（kj/m²/hour）或能量/时间（kcal/day），kcal/day 的应用范围更广些。

普遍计算公式：

男性：BMR＝10×体重（kg）＋6.25×身高（cm）－5×年龄＋5

女性：BMR＝10×体重（kg）＋6.25×身高（cm）－5×年龄－165

五、身体质量指数（BMI）

BMI 是用体重的公斤数除以身高米数的平方得出的数字，是目前国际上常用的衡量人体胖瘦程度以及是否健康的一个标准。但 BMI 并不全面，一般的其适合群体为普通大众，对某些项目的运动员或健身爱好者来说不适用，经常健身的人群，肌肉量较普通人来说较多，BMI 会偏高；另外，BMI 不能反映具体的身体健康情况。

六、体脂肪率（BFP）

BFP 率是指身体内所有脂肪组织的质量与体重的比值，BFP 较之 BMI 来说能更好地说明一个人的"胖瘦"情况。体重过大不一定胖，体脂高才是真正的"胖"。需要注意的是，体脂率低并不能说明身体状况是否良好，它只能说明胖瘦。男性体脂率若超过 25%、女性超过 30% 则可判定为肥胖。

具体计算方法如下：

（一）女性的身体脂肪公式

参数 a＝腰围－公分（腰部的周长）×0.74

参数 b＝（总体重－公斤×0.082）＋34.89

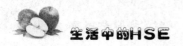

身体脂肪总重量（公斤）＝a－b

身体脂肪百分比＝（身体脂肪总重量÷体重）×100％

（二）男性的身体脂肪公式

参数 a＝腰围（公分）×0.74

参数 b＝体重（公斤）×0.082＋44.74

身体脂肪总重量（公斤）＝a－b

（三）体脂肪率计算公式

体脂率（身体脂肪百分比）＝（身体脂肪总重量÷体重）×100％

七、体水分率

身体水分占体重的百分比为体水分率。此数据和肌肉量有着极其密切的关系，因为肌肉中含大量水分（大概70％），这项指标能够反应减重的方式是否正确，如果体水分率下降，不但有损健康，更会令体脂肪率上升。

八、帕金森病(PD)

帕金森病又称特发性帕金森病（Idiopathic Parkinson's Disease，PD），也称为震颤麻痹（Paralysis Agitans，Shaking Palsy），是中老年人常见的神经系统变性疾病，也是中老年人最常见的锥体外系疾病。65岁以上人群患病率为1％，随年龄增长，男性会稍多于女性。该病的主要临床特点有静止性震颤、动作迟缓及减少、肌张力增高、姿势不稳等。

九、防锁死紧急刹车系统(ABS)

ABS（Anti-lock Braking System）防抱死制动系统，通过安装在车轮上的传感器发出车轮将被抱死的信号，控制器指令调节器降低该车轮制动缸的油压，减小制动力矩，经一定时间后，再恢复原有的油压，不断地这样循环（每秒可达5～10次），始终使车轮处于转动状态而又有最大的制动力矩。

没有安装 ABS 的汽车，在行驶中如果用力踩下制动踏板，车轮转速会急速降低，当制动力超过车轮与地面的摩擦力时，车轮就会被抱死。完全抱死的车轮会使轮胎与地面的摩擦力下降，如果前轮被抱死，驾驶员就无法控制车辆的行驶方向；如果后轮被抱死，就极容易出现侧滑现象。

提示：在遇到紧急情况时，制动踏板一定要踩到底才能激活 ABS 系统，这时制动踏板会有一些抖动，有时还会产生一些声音，但也不能松开，这表明 ABS 系统开始起作用了。

十、企业食品生产许可(QS)

根据国家质量监督检验检疫总局《关于使用企业食品生产许可证标志有关事项的公告》(总局 2010 年第 34 号公告)，企业食品生产许可证标志以"企业食品生产许可"的拼音"Qiye Shipin Shengchan Xuke"的缩写"QS"表示，并标注"生产许可"中文字样，与原有的英文缩写 QS(Quality Safety，质量安全)，表达意思有所不同；与 Quality Standard(质量标准)的含义也不同。

根据新《食品生产许可管理办法》规定，2018 年 10 月 1 日及以后生产的食品一律不得继续使用原包装和标签以及"QS"标志，取而代之的是有"SC"标志的编码。

十一、国际标准化组织(ISO)

ISO 是国际标准化组织的英文简称，其全称是"International Organization for Standardization"。国际标准化组织(ISO)是由各国标准化团体(ISO 成员团体)组成的世界性的联合会。制定国际标准工作通常由 ISO 的技术委员会完成。ISO 与国际电工委员会(IEC)在电工技术标准化方面保持密切合作的关系。中国是 ISO 的正式成员，代表中国的组织为中国国家标准化管理委员会(Standardization Administration of China，SAC)。

十二、危害分析的临界控制点(HACCP)

HACCP 是一种在危害识别、评价和控制方面科学、合理和系统的方法，用于确

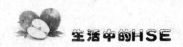
保食品在生产、加工、制造、准备和食用等过程中的安全。HACCP可用于识别食品生产过程中可能发生危害的环节并采取适当的控制措施防止危害的发生。通过对加工过程的每一步进行监视和控制，降低危害发生的概率。

国际标准CAC/RCP-1《食品卫生通则1997修订3版》对HACCP的定义为鉴别、评价和控制对食品安全至关重要的危害的一种体系。

在HACCP管理体系原则指导下，食品安全被融入到设计的过程中，而不是传统意义上的最终产品检测。

在HACCP中，有以下七条原则作为体系的实施基础：

（1）进行危害分析和提出预防措施（Conduct Hazard Analysis and Preventive Measures）。

（2）确定关键控制点（Identify Critical Control Point）。

（3）建立关键界限（Establish Critical Limits）。

（4）关键控制点的监控（CCP Monitoring）。

（5）纠正措施（Corrective Actions）。

（6）记录保持程序（Record-keeping Proccdures）。

（7）验证程序（Verification Procedures）。

十三、生活费用指数（CLI）

生活费用指数（Cost of Living Index，CLI）是指在不同时点（消费期与基期），消费者为达到某一效用（或者福利、生活标准）水平所需要的最小支出之比，有时也称为不变效用指数（Constant Utility Index）、不变满意度指数（Constant Satisfaction Index）、福利指数（Welfare Index）等。生活费用指数是建立在经济学基础上的指数理论。生活费用指数理论认为，消费者的行为是理性的，在价格发生变化的情况下，消费者会调整自己的消费行为和消费模式，以达到消费行为的最优化。

十四、生活质量指数（PQLI）

生活质量指数（Physical Quality of Life Index，PQLI）通常被译为人口生活质量

指数，等于识字率指数、婴儿死亡率指数和 1 岁平均寿命指数之和除以 3。它是 1975 年在大卫·摩里斯博士指导下，由美国海外发展委员会提出的，其目的是为了衡量一国物质福利水平。由于 PQLI 指数包含了较多的人口健康状况的内容，且计算简便，因而被广泛地应用到人口学和社会医学的研究之中，用来反映人口的健康素质和人口生活质量。

十五、晨练指数

晨练指数是气象部门评价人们在晨练时的外界环境中气象要素（天空状况、风、温度、湿度以及污染状况）的指标。按标准可将其分为 5 个等级：1 级非常适宜晨练，各种气象条件都很好；2 级适宜晨练，一种气象条件不好；3 级较适宜晨练，两种气象条件不太好；4 级不太适宜晨练，三种气象条件不太好；5 级不适宜晨练，所有气象条件都不好。

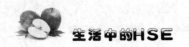

第三部分 平安社区篇

第一节 平安社区的概念

2016 年 10 月 12 日，中共中央总书记、国家主席、中央军委主席习近平就加强和创新社会治理做出重要指示，强调要继续加强和创新社会治理，完善中国特色社会主义社会治理体系，努力建设更高水平的平安中国，进一步增强人民群众的安全感；让平安走进社区，走进百姓，走进千家万户，完成"平安社区"的基础建设才是"平安中国"的根本保障！

国际上就平安社区（安全社区）做出了如下界定：已建立相关组织机构，社区内有关部门、企业、志愿者和个人共同参与伤害预防和安全促进工作，持续改进地实现安全健康目标的社区。平安社区的内容涵盖生活、工作、环境等诸多领域，目的是降低伤害，让社区内人人都享受平安，享受健康。

平安社区建设的意义：通过平安社区建设，最大限度地预防和降低伤害事故，改善社区安全状况，提高社区人员安全意识和安全保障水平的社区。

第二节 平安社区的建设

一、公共安全

（一）公共安全的概念

所谓公共安全，是指社会和公民个人从事和进行正常的生活、工作、学习、娱乐和交往所需要的稳定的外部环境和秩序。所谓公共安全管理，是指国家行政机关为了维护社会的公共安全各秩序，保障公民的合法权益，以及社会各项活动的正常进行而做出的各种行政活动的总和。

（二）公共安全的分类

公共安全包含信息安全、食品安全、公共卫生安全、公众出行规律安全、避难者行为安全、人员疏散的场地安全、建筑安全、城市生命线安全、恶意和非恶意的人身安全和人员疏散等。

二、食品安全

（一）食品安全的定义

食品安全是指食品无毒、无害，符合应当有的营养要求，对人体健康不造成任何急性、亚急性或者慢性危害。食品安全既包括生产安全，也包括经营安全；既包括结果安全，也包括过程安全；既包括现实安全，也包括未来安全。

（二）绿色食品、无公害食品、有机食品的区别

绿色食品并非特指那些"绿颜色"的食品，而是指按照特定生产方式生产，经专门机构认定，许可使用绿色食品标志商标的、无污染的安全、优质的食品。绿色食品可以是蔬菜、水果，也可以是水产、肉类。

无公害食品是按照无公害食品的生产和技术标准生产的、符合通用卫生标准并经有关部门认定的安全食品。严格来讲，无公害食品应当是普通食品都应当达到的一种基本要求。

有机食品是一种国际通称，是指采用有机的耕作和加工方式，且其生产加工过程符合国际或国家有机食品要求和标准，并通过国家认证机构认证的一切农副产品及其加工品，包括粮食、蔬菜、水果、奶制品、禽畜产品、蜂蜜、水产品、调料等。

（三）食品添加剂

根据《中华人民共和国食品安全法》的规定：食品添加剂是指"为了改善食品品质和色、香、味以及为防腐和加工工艺的需要而加入食品中的化学合成或者天然物

质"。生活中，人们对食品添加剂有不少误解，经常认为不含添加剂的食品就是安全可靠的。事实上，只有经超高温杀菌并进行无菌包装的食品才可以不加防腐剂，而大多数加工食品中，都需要按规定加入适量的食品添加剂。其实，各种食品添加剂能否使用、使用范围和最大使用量各国都有严格规定，受法律制约，以保证安全使用，这些规定是建立在一整套科学严密的毒性评价基础上的。只要严格按照国家标准规定的添加量在食品中正确使用食品添加剂，对人体是不会造成危害的。

（四）常用食品的选购、食用与保存

常用食品的安全选购与保存方法如表3.1所示。

表3.1 常用食品安全选购、食用与保存一览表

序号	常用食品	选购、食用与保存
1	猪肉	猪肉的选购： 　　一看颜色，健康猪肉呈白色或浅白色，切面有光泽，棕色或粉红色，无任何液体流出；病死猪的肉肌肉无弹性，切面光滑、暗紫色，平切面有淡黄色或粉红色液体。二闻气味，健康猪肉无异味；病死猪肉有血腥味、尿臊味、腐败味。三摸弹性，健康猪肉有弹性；病死猪肉呈暗红色，肌肉间毛细血管淤血，无弹性。 猪肉的保存： 　　方法多种多样，可冷库保存，风干保存，油炸保存等，其中生猪肉冷冻保存可达3个月
2	鸡肉	鸡肉的选购： 　　新鲜的鸡肉肉质紧密排列、颜色呈干净的粉红色而有光泽，皮呈米色、有光泽和张力，毛囊突出。不要挑选肉和皮的表面比较干，或者含水较多、脂肪稀松的鸡肉。 鸡肉的保存： 　　鸡肉在肉类食品中是比较容易变质的，所以购买之后要马上放进冰箱，可以在稍微迟一些的时候或第二天食用。剩下的鸡肉不要生着保存，应该煮熟之后保存

序号	常用食品	选购、食用与保存
3	火腿肠	火腿肠的选购： （1）首先要选择有"QS"标志的产品，其次要注意看产品的标识标注是否规范。尽量到一些信誉比较好的大商场、大超市购买。 （2）火腿肠产品实行分级，级别越高，肉和蛋白质含量越高，淀粉含量越低，产品标签上应标出产品级别。 （3）标签上的生产厂家、厂址、电话、生产日期、生产依据标准、保质期、保存条件、原辅料等应齐全，如果标注不全，表明未按国家标准生产，最好不要购买。 （4）选购在保质期以内，并且是新近生产的产品，越新鲜的产品，口味越好。 （5）不得使用苯甲酸或苯甲酸钠做防腐剂，不得用胭脂红作着色剂，包装袋不能发胀，肠衣不能有破损，火腿肠表面不能发黏。 火腿肠的保存： 将火腿肠用保鲜膜包扎密封，放入冷藏室中即可，不宜放冷冻室
4	鸡蛋	鸡蛋的选购： （1）触听鉴别。外观上，鲜鸡蛋外壳有一层白霜粉末，手指摩擦时应不太光滑；购买鸡蛋时，应用拇指、食指和中指捏住鸡蛋摇晃，没有声音的是鲜蛋，手摇时发出晃动声音的是坏蛋。 （2）灯光鉴别。用灯光照，鲜蛋蛋清透明，蛋清、蛋黄界线分明，空头很小且呈橘红色，蛋内无黑点、无红影；不新鲜的蛋，蛋清发黄或有黑点，黄清不分明；坏蛋则有大片黑块。 （3）清水或盐水鉴别。用食盐3两溶于水中，将蛋放入盐水中，已产下3天者，会沉到水中接近盆底；已产下5天以上者，则浮于水面。将蛋放于清水中，尖头向下者为新鲜蛋
5	食用油	食用油的选购： 一要看颜色，色拉油浅颜色的要好一些，但太浅或发白也不好。各种植物油都会有一种特有的颜色，所以我们才看到植物原油有深浅不同的颜色，经过精炼，会将它们清除一些，但是不可能也没有必要精炼到一点颜色也没有。二要看透明度，要选择澄清、透明的油，透明度越高越好。知名品牌的瓶装油都应符合这个标准。三要嗅无异味，取一、二滴油放在手心，双手摩擦发热后，用鼻子闻不出异味（哈喇味或刺激味），如有异味就不能食用

序号	常用食品	选购、食用与保存
6	酱油	酱油的食用： 虽然酱油不经过加热也可以食用，但对健康十分不利。据科学实验证实，伤寒杆菌在酱油中能生存20天，痢疾杆菌在酱油中可生存两天，有很多人食用不经过加热的酱油拌凉菜吃，会有发病的危险。酱类食品食用后易产酸，胃酸过多的胃病患者要慎食。 酱油的保存方法： 盛放酱油和醋的瓶子，切勿混入生水；把酱油烧煮后密封起来；在放酱油或醋的容器内放入少许香油，使其表面覆盖一层薄薄的油膜；在瓶内放一段葱白或几个蒜瓣，或加一点烧酒，都可以防霉。也可以将酱油煮开晾凉后再装瓶。酱油长了白膜不能用，尤其是夏天，酱油很容易长出一层白膜，这是由于一种叫产膜性酵母菌污染了酱油后引起酱油发霉的现象，食后对人体有害，所以不能食用长了白膜的酱油
7	食醋	食醋的种类及主要原料： （1）老陈醋以高粱为主要原料，色泽黑紫或棕红，质地浓稠，酸味醇厚，有特殊香气。 （2）麸醋以麸皮为主要原料，色泽黑褐，醋香浓郁，酸味醇厚，稍带鲜口。 （3）液态法食醋以粮食、糖类、酒类、果类为主要原料，用液态醋酸发酵法制得，因原料主要成分侧重不同而有白醋、米醋、糖酸之分。 优质食醋的选购： 一是色泽，具有本品的颜色，如重醋为棕红色，或深褐色，白醋为无色透明，有光泽。 二是气味与味道，具有香气，如重醋为重香和醋香共存，麸醋为醇香和醋香共存；酸味柔和，酸、甜、鲜、咸具有，回味绵长。 三是浓度：比较适当，无悬浮物和沉淀物
8	辣椒粉	辣椒粉的选购： 正常的辣椒粉应是红色或红黄色、油润而均匀的粉末，是由红辣椒、黄辣椒、辣椒籽及部分辣椒杆碾磨而成的混合物，具有辣椒固有的辣香味，闻之刺鼻。辣椒粉中常见的掺假物有麸皮、黄色谷面、番茄干粉、锯末、干菜叶粉、红砖粉等，能通过看、闻、摸等方法鉴别出来

续表三

序号	常用食品	选购、食用与保存
9	鲜牛奶	鲜牛奶的选购： （1）眼观。先观察包装是否有胀包，奶液是否是均匀的乳浊液，如发现奶瓶上部出现清液，下层有豆腐脑状物沉淀在瓶底，说明奶已变酸、变质。 （2）搅拌。用搅拌棒将奶汁搅匀，观察奶液是否带有红色、深黄色；有无明显的不溶杂质；有无发粘或凝块现象。如果有以上现象，说明奶中掺入淀粉等物质。 （3）鼻嗅。新鲜优质牛奶应有鲜美的乳香味，不应有酸味、鱼腥味、饲料味、杂草味、酸败臭味等异常气味。 （4）口尝。正常的牛奶是由微微甜味、酸味、咸味和苦味四种滋味融合而成的
10	海鲜	海鲜的保存方法： 冰箱保存。生鲜鱼贝类必须先做适当的前处理，才可放入冰箱贮存。鱼类的处理方式是先将鳃、内脏和鱼鳞去除，以自来水充分洗净，再根据每餐的用量进行切割分装，最后再依序放入冰箱内贮存。虾仁则可以先行去除砂筋，洗净后先用干布把虾仁擦干，加入味精及蛋白、太白粉、色拉油浆好，放入冰箱加以保存，而带壳的虾只需清洗外表就可冷冻或冷藏。蟹类相同。蚌壳类买回后先清洗再放入加入一大匙盐的水内吐砂。冷冻的扇贝、孔雀贝等可直接冷冻或冷藏
11	桶装水	桶装水的选购： （1）购买桶装饮用水时一定要认真选择供水商，选择标注"QS"准入标志、有一定规模、产品质量和服务质量较好的企业，并且在送水上门后，仔细检查桶封上的生产日期和桶盖上的标签，看两者是否一致。 （2）要认真查看，正品桶桶体透明度好，颜色为蓝色或白色，桶里极少有水泡，表层光滑；劣质桶透明度差，颜色为深蓝色或紫色，桶身摸上去高低不平，特别是瓶口摸着刺手。 桶装水的保存： （1）即使是质量较好的桶装饮用水，开封后放置时间过长也易滋生细菌，通常应在一周内用完。尤其是在炎热的夏季，细菌繁殖速度快，桶装饮用水更不能久存。 （2）保存桶装饮用水，最好放在避光、通风阴凉的地方，避免在阳光下曝晒。 （3）购买饮水机时应尽量购买知名品牌的饮水机，还要警惕饮水机的二次污染，注意定期清洗饮水机

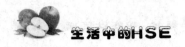

生活中的HSE

续表四

序号	常用食品	选购、食用与保存
12	儿童食品	儿童食品的选购： （1）到正规商店里购买，不买校园周边、街头巷尾的"三无"食品。 （2）购买正规厂家生产的食品，尽量选择信誉度较好的品牌。 （3）仔细查看产品标签，食品标签中必须标注产品名称、配料表、净含量、厂名、厂址、生产日期、保质期、产品标准号等。不买标签不规范的产品。 （4）食品是否适合儿童食用。儿童食品至今尚无明确的定义，因此，为儿童选择食品谨慎为宜。 （5）不盲目听信广告。广告的宣传并不代表科学，是商家利益的体现。 （6）关注儿童食品的相关信息。如我国已经启动了"儿童食品行业食品安全信用体系建设"工作，此工作将为儿童食品的选择提供消费参考
13	保健食品	保健食品的选购： （1）要认清产品包装上的卫生行政管理部门的批准文号和标识。保健食品的标志为天蓝色专用标志，与批准文号上下排列或并列。国产保健食品的批准文号是"食健字"，进口保健食品是"进食健字"。 （2）要仔细参看产品包装上的说明书，确定产品的保健功能。保健食品有27种功能，除了这27种功能之外，企业所宣称的其他任何功能都不是经过国家审批的。 我国目前受理和审批的保健食品功能主要有27类：① 增强免疫力；② 辅助降脂；③ 辅助降糖；④ 抗氧化；⑤ 辅助改善记忆力；⑥ 缓解视疲劳；⑦ 促进排铅；⑧ 清咽功能；⑨ 辅助降血压；⑩ 改善睡眠；⑪ 促进泌乳；⑫ 缓解体力疲劳；⑬ 提高缺氧耐受力；⑭ 对辐射危害有辅助保护功能；⑮ 减肥；⑯ 改善生长发育；⑰ 增加骨密度；⑱ 改善营养性贫血；⑲ 对化学性肝损伤有辅助保护；⑳ 祛痤疮；㉑ 祛黄褐斑；㉒ 改善皮肤水分；㉓ 改善皮肤油分；㉔ 通便功能；㉕ 对胃黏膜损伤有辅助保护功能；㉖ 调节肠道菌群；㉗ 促进消化。 （3）要按照自身机体的需求，选购适宜自身保健功能的食品。 （4）切勿购买假冒的保健食品。购买者一定要到信得过的保健品专卖店购买，切勿贪图价廉，以免买到假冒或掺假产品，危害身体健康

续表五

序号	常用食品	选购、食用与保存
14	保鲜膜/袋	保鲜膜/袋的选购： （1）看包装。在超市购买保鲜膜/袋产品时，应选择包装完好的产品，包装袋不能有破损，注意生产日期及保质期，尽量选择保质期内的产品，以防有细菌、霉菌滋生；注意产品标识，应尽量选购以聚乙烯（PE）为原料、不含增塑剂的保鲜膜/袋，使用这种原料的产品比较安全；产品包装上应标注执行标准，以证明其符合标准要求。 （2）看外观。应挑选表面平整，无气泡、穿孔、破裂、杂质、异物的保鲜膜/袋。 （3）嗅气味。可先闻一下有没有异味，否则使用时会与食品串味，影响食品安全。 （4）摸厚度。可以用手摸一下，保鲜膜/袋应有黏性，这样使用时就能保证保鲜袋在使用过程中开启方便，保鲜膜能黏在餐具上，保证食品的保鲜，杜绝串味。

三、信息安全

（一）信息安全的定义与内涵

信息安全是指信息系统（包括硬件、软件、数据、人、物理环境及其基础设施）受到保护，不受偶然的或者恶意的原因而遭到破坏、更改、泄露，系统连续、可靠、正常地运行，信息服务不中断，最终实现业务连续性。

信息安全的核心主要包括五方面的内容，即需保证信息的保密性、真实性、完整性、未授权拷贝和所寄生系统的安全性。另外，广义的信息安全包括的范围很大，其中包括如何防范商业企业机密泄露、防范青少年对不良信息的浏览、个人信息的泄露等。

（二）日常信息安全的维护

首先，尊重知识产权，支持使用合法、原版的软件，拒绝使用盗版软件。其次，平常将重要资料备份，不要随意使用来路不明的文件或磁盘，需要使用，要先用杀毒

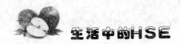

软件扫描后再用。随时注意特殊文件的长度和使用日期以及内存的使用情况。最后，准备好一些防毒、扫毒和杀毒的软件，并且定期使用。

在日常生活中，不要随意在不了解的网站上填写个人真实资料，如非必要，尽量少让别人知道你的"底细"。不随意在公用计算机输入个人信息，不随意打开来路不明的邮件（尤其是附件），如有必要，先采取预防措施。不轻易打开陌生人通过 QQ 等即时通讯工具发送的文件和链接。给计算机设置足够安全的密码，如混合数字和符号的长密码。

四、民防安全

（一）民防安全基本知识

1. 社区民防的定义

社区民防，是以社区安全为目的，组织应急救援为核心，民防工程为设施，防空警报为信号，党团员干部为骨干，志愿者和居民群众为主力，传授民防知识和技能的民众防护工作。

2. 社区民防的产生与发展

随着工业化的深入、城市化的扩大以及现代化的加速，社区成为各种风险的高发地、高危人群的聚集地以及事故灾害和恐怖袭击的主要威胁目标。同时，后冷战时代，民防的基本职能也发生转移。社区与民防的结合成为必然趋势，社区民防应运而生，并成为社区安全和民防发展的重要一环。

3. 社区民防工作的指导思想、总体目标和基本原则

指导思想：以邓小平理论和"三个代表"重要思想为指导，以科学发展观为统领，以"战时保护人民、平时造福人民"为宗旨。

总体目标：社区民防工作的总体目标是要做到社区民防组织落实、工作机制健全、防护预案完善、防护设施齐全、教育培训扎实、民防服务优质。中心城区基本建成有效的社区民防体系，继而推广扩展到全市，使之基本形成有效的社区民防体系。

基本原则：巩固基础与创新发展兼顾；软件建设与硬件建设并重；总体规划与具

体措施统一；常态推进和规范建设并举；防空工作与防灾工作结合。

（二）个人防护器材与使用

1. 个人防护器材简介

个人防护器材是个人用以免受毒剂、生物战剂和放射性灰尘伤害的各种器材的统称，又称个人三防器材，主要有防毒面具、防毒斗篷、防毒手套和防毒靴套。防毒面具用以保护呼吸器官、眼睛和面部免受毒剂、生物战剂以及放射性灰尘等有毒物质的伤害。

防毒面具按防护原理的不同，可分为过滤式和隔绝式两种类型。根据这两种面具的防护原理还可制造特种防毒面具，如防火箭推进剂面具、坦克乘员面具和伤员面具等。防毒衣用以保护全身，防止毒剂、生物战剂和放射性灰尘等有毒物质通过气肤引气伤害。防毒斗篷用以防止毒液滴、生物战剂、放射性灰尘等有毒物质通过气肤引气伤害。防毒衣和防毒斗篷通常要与防毒面具、防毒手套、防毒靴套配套使用。防毒手套和防毒靴套用以防护手、脚。

此外，配发给个人使用的剂量仪、侦毒纸、消毒包、急救药品和自动注射器等，也属个人防护器材。熟练地使用个人防护器材，可有效地减轻部队在核、化、生袭击时的伤亡，保证部队在受染环境中进行作战任务。

2. 防毒面具的佩带

（1）佩带的要领。在迅速闭眼憋气的同时，双手配合将面具戴好。睁眼前必须先深深呼出一口气，以排除面罩内的毒气。

（2）合格的标准。眼窗中心位于两眼中央偏下，头带垫于头的后方，头带拉力适中。

（3）皮肤防护器材的穿戴要求。力求身体各部分与外界隔绝，扎紧"三口"。所有的简易防护器材都是一次性使用。简易皮肤防护器材防护效能低，应尽快离开污染区。

（三）经典案例

［案例一］ 灾难后的思索：中国唐山7.8级地震

案例链接：1976年7月28日3时42分，中国唐山发生7.8级地震。这是中国历

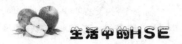

史上一次罕见的城市地震灾害。顷刻之间，一个百万人口的城市化为一片瓦砾。地震共造成 24.2 万人死亡，16.4 万人重伤，仅唐山市区终身残废的就达 1700 多人；毁坏公用房屋 1479 万平方米，倒塌民房 530 万间；直接经济损失高达 100 亿元人民币。地震破坏范围超过 3 万平方公里，有感范围广达 14 省、市、自治区，相当于全国面积的三分之一。地震发生于深夜，市区 80% 的人来不及反应，被埋在瓦砾之下。区内所有的建筑物几乎都荡然无存。全市供水、供电、通讯、交通等生命线工程全部破坏，所有工矿全部停产，所有医院和医疗设施全部损坏。

点评：

（1）建筑物抗震标准不高。人口高度稠密是造成巨灾的首要因素。唐山地区历史上没有记载发生过强烈地震，故这个城市在建设中没有进行抗震设防。唐山是一个人口超百万人大城市，尽管大量建筑物为近代新建，但在建筑时都没有经过抗震设计，对地震没有设防，以致酿成大灾。

（2）专业化的及时救援是减少、减轻灾害损失的关键。唐山地震时，北京、上海的救护力量迅速送水、供电，辽宁省邮电系统维修队修复了东北三省经唐山通往天津、北京的电话线，铁道兵部队抢修京山线铁路使之于 8 月 7 日恢复通车，这些举措给唐山搭起一条生命线。但是，有的救护队情急之中赤手空拳进入灾区，直到 8 月 1 日以后才陆续调来吊车、电锯、凿岩机、电焊切割机，延误了救灾的时机。因此，只有平时有所准备，才能在灾难发生时正确快速反应。

（3）对地震科学工作者提出了更高的要求。这次地震是在几个月前我国成功预报了海城地震的背景下发生的，这使地震预报经验和方法受到严重挑战，也促使地震科学工作者真正了解到地震机理的复杂性和严峻性。

（摘编自《上海民防之声》）

[案例二]　桑枣中学契机，史上最牛校长

案例链接：2008 年 5 月 12 日下午 2 点 28 分，汶川地震发生时，桑枣中学全校 2200 多名学生和上百名教师，从不同的教学楼、不同的教室疏散到操场上，全部用时 1 分 36 秒，师生无一伤亡。事后人们分析，桑枣中学之所以能创造奇迹，坚固的教学楼房和师生们长期的应急训练是主要原因。从 2005 年开始，该校叶志平校长四处筹钱，先后花了40多万加固教学楼，同时，每学期组织师生开展应急疏散演练，严格规定疏散路线。

点评：

地震的预报至今是国际性的难题，但只要是平时预有准备，灾害发生时就不至于惊慌。开展学校的防震减灾的关键在于以下几点：

（1）平时做好房屋的检查加固。建立建筑的损坏情况检查制度，重点检查门窗（玻璃）、瓷砖、围墙、电线等，将检查情况及时上报，做好加固更换。

（2）编制和公开学校人员应急疏散预案。一要明确学校的基本情况，如学校地址、面积、年级数、班级数、师生数、主要建筑和设施场地，分析学校地理位置及周边环境存在的风险隐患及防护资源；二要明确人员分工和具体工作，确定学校的人员编组，以班级为单位疏散到操场等空旷地带，远离建筑物。

（3）做好相关培训与学习。经常组织师生开展地震常识、救护知识方面的培训，定期组织开展学校人员应急疏散演练，一方面检验师生的应急反应速度和疏散水平，另一方面也可以检验预案是否有效，从而切实提高全体师生的应急疏散水平，真正做好安全、迅速、有效撤离。

（摘编自新华网）

[案例三] 注意交通安全 远离马路杀手

案例链接： 2009年12月22日下午5时40分许，一辆沿上海古美南路向北直行的混凝土搅拌车快速行至顾戴路路口欲右转时，突然急刹车并向后倒车，将一对骑电瓶车直行的父女挂倒。遗憾的是，搅拌车司机并未意识到发生事故，在继续倒车的过程中，车轮接连对骑车的父女进行了辗轧，导致两人当场身亡。

点评：

据统计，2009年，上海由土方车、搅拌车造成的事故已达35起，死亡人数达26人，平均每月有2人死于土方车车轮下。面对如此横行的马路杀手，我们该如何保护自己的生命安全呢？

对行人来说，首先应当自觉遵守交通法，行走在人行道内，没有人行道要靠边走。通过路口或横过马路时，按照交通信号灯指示或听从交通警察的指挥通行，不要拿自己的生命赌气。通过没有交通信号控制的路口时，须注意车辆，不要追逐猛跑；有人行过街天桥或隧道的，须走人行过街天桥或隧道。不要在道路上玩耍、坐卧或进行其他妨碍交通的行为；不要钻过或跨越人行护栏或道路隔离设施。通过没有交通信号灯或人行横道的路口，或在没有过街设施的路段横穿道路时，应当注意来往车辆，看清情况，让车辆先行，在确认安全后通过，不要在车辆临近时突然横穿。

骑自行车、人力三轮车、电动助力车等非机动车出行时更要注意交通安全，以减少不必要的矛盾和伤害。在划分机动车道和非机动车道的道路上，非机动车应在非机动车道行驶。在没有划分中心线和机动车道与非机动车道的道路上，机动车在中间行驶，非机动车应靠右边行驶。转弯前须减速慢行，伸手示意，不要突然猛拐。不要抢路，尤其是不要和汽车抢路，以免出事。

此外，如果不幸发生车祸，在医护人员赶到之前，也可以采取适当的自救行为。如果感觉肢体疼痛、肿胀、畸形，则可能是骨折。骨折后伤者不宜乱动，以避免血管和神经在搬动时受到伤害，应尽快对伤肢进行简易固定，最好用木板或较直、有一定硬度的树枝。如果感觉颈椎或腰椎收到了冲击，不恰当的搬动可能会造成再受伤而形成永久性伤害甚至瘫痪。因此，遇到这样的情况，如果自己没把握就不要乱动，可在原地等待救护人员来救助处理。

（摘编自新浪网）

[案例四] 空中遇难紧急救护措施

案例链接：飞机的出现，让我们的世界变得更小，让人们的出行变得更加便捷，同时，与其他交通工具相比，飞机出现事故的比例虽然很小，但也让人触目惊心。1979 年 5 月 25 日，台湾"中华航空公司"一架由台北飞往香港的波音 747 客机在澎湖坠海失事，机上 225 人全部遇难。

点评：

如果在空中发生紧急情况，我们首先应该做些什么？

飞机起飞后的 6 分钟和着陆的 7 分钟内，最容易发生意外事故，国际上称为"可怕的 13 分钟"。据航空医学专家统计，在我国有 65% 的事故发生在这 13 分钟内。因此乘坐飞机应按要求在起飞前系好安全带。

空中常见的紧急情况有密封增压舱突然低落、失火或机械故障等。一般情况下，机长和乘务长会简明地向乘客宣布紧急迫降的决定，并指导乘客采取应急处理。水上迫降时，空中小姐会讲解救生衣的用法，但在紧急脱离前，乘客仍应系好安全带。若飞机高度在3660～4000米，旅客头顶上的氧气面罩会自动下垂，此时应立即吸氧，绝对禁止吸烟。如果机舱内失火，可用二氧化碳灭火瓶和药粉灭火瓶（驾驶舱禁用）；非电器和非油类失火，应用水灭火瓶。乘客要听从指挥，尽量蹲下，处于低水平位，屏住呼吸，或用湿毛巾堵住口鼻，防止吸入一氧化碳等有毒气体中毒。

（摘编自百度百科）

[案例五]　"电梯吞人"惨剧能不能停下来

案例链接： 2015年7月26日，荆州市安良百货商场发生了一起电梯事故。一位年轻的妈妈抱着孩子踏上松动的扶梯踏板，瞬间踏空被搅入扶梯。危急时她将孩子托举起来，自己却不幸丧生。事故的监控视频，在朋友圈被疯转。没见一丝血腥，不闻厉声尖叫，只有几声短暂的惊呼和8秒的生死相隔，却让所有人陷入难以言说的悲伤和恐惧。2013年5月，曾经3天内连续发生四起电梯事故，造成4人身亡，触目惊心：5月14日，宜昌沃尔玛超市的手扶电梯突然断裂，一位老奶奶跌入电梯被绞身亡；同天在陕西西安红庙坡幸福家园小区，55岁的杜女士进电梯后，因轿厢未到达，从15层坠亡；5月15日，深圳长虹大厦，24岁女护士走出电梯时，电梯门突然关闭下行，夹断其头部，并迅速坠下负一楼；5月16日，云南玉溪中医院，两名乘客被电梯卡住，其中一人经抢救无效死亡。

2015年以来，电梯事故频频见诸报端。2015年3月9日凌晨，上海浦东新区一小区，一名56岁女子死于居民楼电梯内，头被卡在轿厢和门之间；3月23日，山东青岛市一家7天连锁酒店内，两位客人在6楼乘坐电梯时发生坠落身亡；6月13日，长沙一小区因电梯故障，一女子一脚踏空，从19楼坠落，当场遇难。

谁也不知道下一次"电梯吃人"的惨剧还将在哪里发生？有什么办法能让这辗压心口的巨大齿轮停下来……

点评：

2015年荆州电梯事故在网络上引发了激烈的争论，不仅因为画面特别惨烈，更因背后有重重疑点：（1）看上去好好的踏板，为何如此脆弱，说翻就翻？（2）故障是怎么发生的，概率有多大？（3）电梯上方为何有两名工作人员，电梯当时是否在检修？

据官方通报，事故发生在5分钟前，商场工作人员发现电梯盖板松动，但未采取任何应急措施，导致事故发生，商场为责任方。这解释了一些疑点，但又产生了一个最大的困惑：商场方既然已发现问题，为何任由电梯继续运行，坐视顾客使用电梯，连最基本的警示标志都没有？安全意识如此淡薄，应急措施完全失灵，让人无法理解，甚至不寒而栗。明知损坏却依旧运转的电梯，纵容了小概率事件发生的可能性，让其变成了一起可以预料却失于防范的事故。这种对生命的怠慢，比突如其来的灾难，更加触目惊心！

电梯使用的安全隐患，存在于生产、安装、维保、检验等各个环节，市场需求量大，中小型企业为打价格战，质量难以保障；检验采取安装完工后的验收方式，安装过程的质量控制全凭"自觉"，检验队伍发展跟不上趟，安全隐患难以及时排除；维保市场管理混乱，维保效果和质量难以保证。在这些隐患中，电梯"老龄化"是最大威胁，相当一部分20世纪90年代安装的电梯，由于国家未规定电梯强制报废年限，还在"带病"运行。

无论哪一个环节出了问题，最终都可能导致事故的发生，而所有环节都是由人来监管操作的，所以，每一起电梯事故的背后，最本质的原因仍是人们对于安全的疏忽和怠慢。驱走电梯"死神"，还民众安全感的第一步，就是让这些对事故负有责任的人，为疏忽和怠慢付出沉重的代价。这是对那些痛苦生命的告慰，也是对未知隐患的威慑！第二步，则应从监督管理机制入手，揪出和消灭潜藏在生活中的"夺命电梯"。目前，国家对电梯实行的定期检验制度，仅涉及电梯安全装置的有效性验证，并未涉及电梯运行的质量状况和隐患带来的安全风险。如何把关硬件，弥补现行标准的不足？能否明确权责，加大处罚力度，督促相关责任单位，履行维护保养电梯的责任？何时颁布电梯报废的技术标准及规范，能否实行"强制报废"制度？怎样合理配置检验资源，降低电梯使用故障率？所有这些，只有放下侥幸心理，认真排查、检修，才可能让"电梯吞人"的惨剧不再上演。

人类漠视身体，身体会以疾病的方式预警；人类漠视工具，工具会以血的代价惩罚。人们忽视了对自身安全的尊重和保护，就一定会被伤害。

五、安全应急处理

（一）入冬严防火灾亡人

冬季严防火灾发生可以从以下几个方面着手：

（1）注意正确使用炉具、勤开窗。取暖的房间如果有条件最好同时安装一氧化碳报警器。

（2）不能将煤炉置于密闭室内取暖。煤球在燃烧过程中不仅消耗大量氧气，还会产生大量二氧化碳，在密闭室内用煤炉，极易煤气中毒，应该保持门窗通风。

（3）电器取暖设备要先拔插头后使用。用电热水袋、电热毯取暖时，加热过程中不能带电使用，应在加热达到所需温度后，拔下电插头方可使用。用热水袋时，开始因水温高，不宜接触肌体过久，以防烫伤。老人、小孩最好不要使用电炉。

（4）不能把炭火盆置于床前或床下，这样易引发火灾。有老人独自在家烤火时，应用大竹罩将火盆罩住，防止老人靠近火源或不小心跌入火中，并且不能在炭火上烘烤衣物等易燃品。此外，子女应教给老人一些关于火灾的防范和自救知识。

（二）各类火灾自救逃生的方法

1. 公交车自燃

消防部门介绍了五种遇公交车火灾的逃生方法：

（1）车门逃生。在公交车遇险时，驾驶员第一反应就是停车、开门，疏导乘客下车。但在特殊情况下，如车辆受损断电时，司机无法通过仪表盘上的按钮将车门打开。这种情况下，乘客一定要镇定，在公交车的车门上方配有一个车门开启安全阀。离门近的乘客只要将此安全阀旋转，车辆就会释放气压，然后就能手动打开车门了。如果被困在失火的车中，上述方法无法打开车门，千万不要试图强行开车门，因为车门可能因撞击或高温变形，一般的破拆工具都很难打开，不要浪费宝贵的逃生时间，应选择从车窗逃生。

（2）车窗逃生。如果是滑动车窗，乘客将车窗打开即可跳出；如果是封闭车窗，则乘客需要通过打碎车窗才能逃出。一般情况下，车门对面的一侧，前后应该都有安全锤，安全锤挂在前后轮附近的车窗框上。如果一时无法找到安全锤，可以选择尖状硬物如钥匙等击碎玻璃。

（3）天窗逃生。一些公交车配备的天窗是具有安全出口功能的。旋转其上的红色扳手，可以将天窗打开，打开后可以通过一些身材较小的乘客，在危急关头，可为少数乘客多提供一种逃生方法。

（4）车外营救。公交车的运行线路大多在市区，其线路上通常会有很多行人及司机，如果车辆出现事故，这些人通常会对其进行营救，如果发生车门打不开的情况，车外人会找东西打碎玻璃等。此时请注意，现在大部分公交车都安装了车外开门安全阀，车外人员只要旋转该安全阀，也能开启车门。

（5）车内灭火。如果车内出现小的火灾，在不危及生命并且乘客已经全部安全转移的前提下，驾驶员及志愿者可用车内的灭火器进行灭火。

2．地铁火灾

（1）要有逃生的意识。乘客进入地铁后，一定要对其内部设施和结构布局进行观察，熟记疏散通道及安全出口的位置。

（2）要及时报警。可以利用自己的手机，也可以按动地铁列车车厢内的紧急报警按钮。在两节车厢连接处，均贴有红底黄字的"报警开关"标志，箭头指向位置即是紧急报警按钮所在的位置。

（3）要做到扑火自救。发现火情后，除了及时报警外，要寻找附近的灭火器材进行灭火，力求把初期之火控制在最小范围内，并采取一切可能的措施将其扑灭。灭火器位于每节车厢两个内侧车门的中间座位之下，上面贴有"灭火器"标志。乘客旋转拉手90度，开门就可以取出灭火器。

（4）如果火势蔓延，乘客无法进行灭火自救，这个时候应保护好自己，进行有序安全逃生。将老、弱、妇、幼等弱势人群先行疏散至安全的车厢。如初期火灾扑救失败，应及时关闭车厢门，防止火势蔓延，赢取逃生时间。

（5）逃生时，应采取低姿势前进（但不可匍匐前进，以免贻误逃生时机），不要做深呼吸，可能的情况下用湿衣服或毛巾捂住口和鼻子，防止烟雾进入呼吸道。采取自救或互救手段疏散到地面、避难间、防烟室及其他安全地区。视线不清时，手摸墙壁慢慢撤离。

（6）在逃生过程中要保持镇定，不要相互拥挤和乱窜，要听从地铁工作人员的指挥和引导疏散。如果火灾引起停电，可按照应急灯和疏散指示标志的指示方向进行有序逃生。万一疏散通道被大火阻断，应尽量想办法延长生存时间，等待消防队员前来救援。

3. 楼梯着火

楼梯上着火，人们往往会惊慌失措。一旦发生这种火灾，首先要稳定自己的情绪，保持清醒的头脑，想办法就地灭火，如用水浇、用湿棉被覆盖等。如果不能马上扑灭，火势就会越烧越旺，人就有被火围困的危险，这时应该设法脱险。有时楼梯未着火，但浓烟往往朝楼梯间灌，楼上的人容易产生错觉，认为楼梯已被切断，没有退路了，其实大多数情况下，楼梯并未着火，完全可以设法逃出。如果被烟呛得透不过气来，可用湿毛巾捂住嘴鼻，贴近楼板或干脆跑走。即使楼梯被火焰封住了，在别无出路时，也可用湿棉被等物作掩护迅速冲出去。如果楼梯确已被火烧断，也应冷静地想一想是否还有别的楼梯可走，是否可以从屋顶或阳台上转移，是否可以借用水管、竹竿或绳子等滑下来，可不可以逐级跳越而下等。只要保持冷静，多动脑筋，一般还是可以有办法的。

呼救，也是一种有效的解救办法。被火围困的人没有办法出来，周围群众听到呼救，也会设法抢救，或报告消防队。

4. 家庭液化气起火

家用液化气的主要成分有丙烷、丙烯、丁烯等低分子烃。呈气态时，密度大，比空气重 $1.5\sim2$ 倍；呈液态时，密度小，约为水的 $1/2$。液化气由液态挥发成气体时，其体积扩大 $250\sim300$ 倍。液化气燃点低，点火能量为万分之几毫焦耳；热值大，有一定的毒性。空气中含有液化气 10% 的混合物时，人在该气体中 5 分钟就会被麻醉。液化气给人们生活带来方便的同时也带来了"威胁"。

家庭火灾中，由液化气引起火灾的占有一定的比例，在此，提醒广大居民，液化

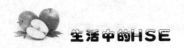

生活中的HSE

气起火后先不要惊慌，因为任何一种火灾都会经历起火、发展、猛烈、下降四个重要阶段。

（1）液化气着火后，如果有2个以上的人在场时，可指定一人报警，另外一个人施救。当一个人在场时，先不要急于报警和逃离现场，因为液化气瓶爆炸需要吸收一定的热量，可以顺手将液化气总阀立刻关闭，如果着火点位于煤气瓶口怕烫伤手时，可用湿毛巾将瓶口堵住，关掉总阀，即可将火熄灭；再用水将明火扑灭。尽量把火消灭在初起阶段。

（2）如果不小心将燃烧的液化气瓶碰倒，瓶口绝不可以朝下，应及时将瓶竖立。如火苗大，可直接用水浇灭，也可用湿毛巾堵住瓶口，但切不可用大件衣物、被褥等物品将其覆盖。

（3）如液化气瓶周围着火点较多，而总阀又失效时，可先将液化气瓶拎到屋外放在空旷通风和人员流动少的地方；也可朝顺风方向就地放置，但严禁将液化气瓶平放并让其继续燃烧。

（4）用管道液化气的居民，首先要熟记液化气公司电话或物业管理电话；其次要明确液化气总阀的具体方位。一旦出现问题就能冷静、及时、迅速、果断处理。

5. 影剧院火灾

影剧院着火时，人多且疏散通道少，给人员逃生带来了很大的困难。下面，就这种环境下，人群如何迅速疏散的方法做一些介绍。

1）选择安全出口逃生

影剧院里都设有消防疏散通道，并装有门灯、壁灯、脚灯等应急照明设备，用红底白字标有"太平门""出口处"或"非常出口""紧急出口"等指示标志。发生火灾后，观众应按照这些应急照明指示设施所指引的方向，迅速选择人流量较小的疏散通道撤离。

当舞台发生火灾时，火灾蔓延的主要方向是观众厅。厅内不能及时疏散的人员，要尽量靠近放映厅的一端，寻找时机逃生。

当观众厅发生火灾时，火灾蔓延的主要方向是舞台，其次是放映厅。逃生人员可

94

利用舞台、放映厅和观众厅的各个出口迅速疏散。

当放映厅发生火灾时，由于火势对观众厅的威胁不大，逃生人员可以利用舞台和观众厅的各个出口进行疏散。

发生火灾时，楼上的观众可从疏散门由楼梯向外疏散，楼梯如果被烟雾阻隔，可就地取材，利用窗帘布等自制救生器材，开辟疏散通道。

2）注意事项

疏散人员要听从影剧院工作人员的指挥，切忌互相拥挤，乱跑乱窜，堵塞疏散通道，影响疏散速度。

疏散时，人员要尽量靠近承重墙或承重构件部位行走，以防坠物砸伤。特别是在观众厅发生火灾时，人员不要在剧场中央停留。

若烟气较大时，宜弯腰行走或匍匐前进，靠近地面的空气较为清洁。

（三）各类灭火器的使用方法

1. 手提式干粉灭火器

手提式干粉灭火器包括清水灭火器、空气泡沫灭火器、二氧化碳灭火器、卤代烷灭火器和干粉灭火器。使用这类灭火器灭火时，可手提灭火器的提把或提圈，迅速奔至距燃烧处约5米左右（清水灭火器约10米左右），拔出保险销，一手握住灭火器的开启压把，另一只手握住喷射软管前端的喷嘴处（二氧化碳灭火器应握住手柄）或灭火器底圈，对准火焰根部，用力压下开启压把并紧压不松，这时灭火剂即喷出，操作者由近而远左右扫射，直至将火焰全部扑灭。清水灭火器的开启有所不同，先用手掌拍击开启杆顶端，刺破二氧化碳贮气瓶的密封片，灭火器随之开启。

2. 推车式灭火器

推车式灭火器一般需有两个人配合操作，发生火灾时，快速将灭火器推至距燃烧处约10米左右，一人迅速展开软管并握紧喷枪对准燃烧物做好喷射准备；另一人开启灭火器，并将手轮开至最大部位。灭火方式也是由近而远，左右扫射，首先对准燃烧最猛烈处，并根据火情调正位置，确保将火焰彻底扑灭，使其不能复燃。

3. 背负式干粉灭火器

使用背负式干粉灭火器时，先撕去铅封，拉保险销，然后背起灭火器，手持喷

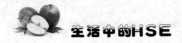

枪，迅速奔到燃烧现场，在距燃烧处 5 米处即可喷粉。当第一组灭火器筒体内干粉喷完后，快速将喷枪扳机左侧的凸出轴向右推动 8 毫米左右即限位，然后再抠动扳机，第二组灭火器即可喷粉。

（四）高温灾害的防御措施

（1）尽量不要在烈日下活动。户外活动安排在早、晚为宜。

（2）外出活动时，尽量戴上帽子，穿浅色衣服，并且身边备有饮用水和防暑药品。不要长时间在太阳下暴晒，如感到头晕不舒服，应立即停止活动，到阴凉处休息。

（3）安装空调、电扇，以改善室内闷热环境。但不要长时间待在空调房内，以防止产生头疼、头昏等"空调病"。电扇不能直接对着头部或身体的某一部位长时间吹，以防身体局部受寒。

（4）浑身大汗时，不宜立即用冷水洗澡，以防寒气侵入肌肤而患病，应先擦干汗水，稍事休息后再用温水洗澡。

（5）汽车驾驶员要趁夜间气温低时休息，保证睡眠时间，以防因疲劳引发交通事故。

（6）高温天气宜吃咸食，多饮凉茶、绿豆汤等，以补充因出汗失去的水分、盐分。

（7）适量进行体育锻炼，以增强人体的耐热功能，提高适应高温环境的能力。

（8）应急要点：

· 保证睡眠，多喝白开水、盐开水、绿豆汤等防暑饮品，饮食以清淡为宜。

· 白天尽量减少户外活动时间，外出要做好防晒措施，避免被阳光灼伤皮肤。

· 如有人中暑，应将病人移至阴凉通风处，给病人服用防暑药品。如果病情严重，应立即送医院进行诊治。

（9）专家提醒：

· 夏天要常备仁丹、十滴水、清凉油等防暑药品。

· 大汗淋漓时，切忌猛饮冰水、冰冻饮料以及用冷水冲澡。

· 空调温度不宜过低，避免长时间处在空调环境中，要适当开窗通风或到户外活动。

• 老人或心脑血管疾病的患者要减少户外活动，一旦感到身体不适或者有发病迹象，应立即到医院就诊。

（五）突发爆炸时的自救法则

（1）湿毛巾捂住口鼻，低姿前行。火灾爆炸发生后，站立奔走、大声呼喊都会使得热焰、浓烟吸入，加重头面部和呼吸道损伤，此时应冷静并寻找逃生路线，再用湿毛巾捂住口鼻低姿前行。逃生开门前应先触摸门把，门锁温度正常或门缝没有浓烟进来，说明大火离自己尚有一段距离，此时应迅速沿楼梯或安全通道下楼。如果在行进过程中，衣物着火可就地滚几下将其扑灭，并迅速脱掉易着火衣服。

（2）行进过程中，尽量避开窗户、玻璃门、堆积杂物等潜在危险区，以防止二次爆炸冲击波带来的倒塌、坠落物砸伤伤害。一旦身边有东西掉落，立即就近选择牢固的餐桌、书桌等物体下躲避。下楼过程中，不要选择乘坐电梯，以防发生故障。

（3）逃离成功后，远离事故现场。离开后，应向爆炸点上风向移动，不要停留现场，切忌回去取个人物品或打电话。

如果被困在建筑物内，首先要冷静，避免大喊大叫。如果吸入了有毒烟雾，很可能造成生命危险。如果楼层过高，被困人员切勿惊慌失措而跳楼逃生。应关掉所有电器，用胶带封住门窗缝隙和通风口，防止有害气体入侵，同时，迅速将衣服打湿，备好湿毛巾捂住口鼻以防烟雾，必要时，可以用家里的盆、锅等盖住头部，以免被砸伤。火灾爆炸发生在商场等公共场所时，千万不要靠近玻璃门与扶梯，不要惊慌，避免踩踏事件。此外，利用手机等通讯工具，或吹口哨、敲击管道、用鲜艳的东西等一切可行方式发出信号给救援人员。

如果爆炸发生在所在的建筑物附近，应尽量远离玻璃、门窗等易碎物体，以免造成伤害，就地做好防护措施准备，并通过电视、手机等通讯方式了解所处位置的安全情况。尽量不要出门靠近爆炸区域，以免造成不必要伤害。

避免二次伤害最重要的是有序远离事故现场，划分事故现场区、过渡区、现场救护区，甚至可以利用微博、微信等网络社交告知周围人群何处有再次爆炸的趋势，听

从救援组织有序撤往安全区，让出人行道或街道等应急场所，供急救人员或尚未撤离人员使用。

（六）城市遇洪水自救七法

分析洪水中人员失踪的原因，一方面是洪水流量大，猝不及防；另一方面因不了解水情而涉水。所以，不了解水情时一定要在安全地带等待救援。

（1）避难所一般应选择在距家最近、地势较高、交通较为方便及卫生条件较好的地方。城市大多有高层建筑的平坦楼顶，也有地势较高或有牢固楼房的学校、医院等。

（2）将衣被等御寒物放至高处保存；将不便携带的贵重物品做防水捆扎后埋入地下或置放高处，票款、首饰等物品可缝在衣物中。

（3）扎制木排，并搜集大盆、木块等漂浮材料加工为救生设备以备急需；洪水到来时难以找到适合的饮用水，所以在洪水来之前可用大盆、水桶等盛水工具贮备干净的饮用水。

（4）准备好医药、取火等物品；保存好各种尚能使用的通讯设施，可与外界保持良好的通讯联系。

（5）受到洪水威胁，如果时间充裕，应按照预定路线，有组织地向山坡、高地等处转移；在已经受到洪水包围的情况下，要尽可能利用船只、木排、门板、木床等进行转移。

（6）洪水来得太快，已经来不及转移时，要尽量利用一些不怕洪水冲走的材料，如沙袋、石堆等堵住房屋门槛的缝隙，减少水的漫入，然后尽可能躲到屋顶避水。房屋不够坚固的，要自制木（竹）筏逃生，或是攀上大树避难，等待援救。离开房屋前，尽量带一些食物和衣物。在山区，如果连降大雨，容易暴发山洪。遇到这种情况，应该注意避免过河，以防被山洪冲走，还要注意防止山体滑坡、滚石、泥石流的伤害。发现高压线铁塔倾倒、电线低垂或断折，要远离避险，不可触摸或接近，防止触电。为了保护财产，在离开住处时，最好把房门关好，但绝不能只顾家产而忘记生命安全。

（7）被水冲走或落入水中者，要保持镇定，尽量抓住水中漂流的木板、箱子、衣柜等物。如果离岸较远，周围又没有其他人或船，就不要盲目游动，以免体力消耗殆尽。无论你遇到何种情形，都不要慌张，要学会发出求救信号，如晃动衣服或树枝、大声呼救等。

（七）地震时的应急防护措施

震时就近躲避、震后迅速撤离到安全的地方是应急防护的较好方法。地震来临时，记住以下防护应急措施，保护好自身的生命财产安全。

1. 楼内找好暂避点

地震一旦发生，首先要保持冷静，及时判别震动状况，千万不可在慌乱中跳楼，这一点极为重要。其次，可躲避在坚实的家具下或墙角处，亦可转移到承重墙较多、开间小的厨房、厕所躲避。这些地方结合力大，尤其是管道经过处理，具有较强的支撑力，抗震系数较大。

2. 街上行走护住头

地震发生时，高层建筑物的玻璃碎片、大楼外侧的混凝土碎块、广告招牌、铁板、霓虹灯架等，随时可能掉下来伤人，因此在街上行走时，最好将身边的皮包或柔软物品顶在头上，无物品时也可用手护在头上，作好自我保护。

3. 车要停稳人莫慌

地震时，司机应尽快减速，逐步刹闸。乘客（特别是在火车上）应用手牢牢抓住拉手、柱子或坐席等，并注意防止行李从架子上掉下伤人。面朝行车方向的人，要将胳膊靠在前坐席的椅垫上，护住面部，身体倾向通道，两手护住头部；背朝行车方向的人，要两手护住后脑部，并抬膝护腹，紧缩身体，摆出防御姿势。

4. 人在商店要镇定

当在商店遇到地震发生时，要保持镇静。由于人员慌乱，商品下落，可能使避难通道阻塞。此时，应躲在近处的大柱子和大商品旁边（避开商品陈列橱），或朝着没有障碍的通道躲避，然后屈身蹲下，等待地震平息。处于楼上位置的人，原则上应向底层转移，但楼梯往往是建筑物抗震的薄弱部位，因此，要看准脱险的合适时机。服务

员要组织群众就近躲避，震后安全撤离。

5. 户外注意"高"风险

就地选择开阔地避震，蹲下或趴下，以免摔倒；不要乱跑，避开人多的地方；用书包等保护头部；不要随便返回室内。

避开高大建筑物，如楼房，特别是有玻璃幕墙的建筑，或过街桥、立交桥、高烟囱、水塔下等。

避开危险物、高耸或悬挂物，如变压器、电线杆、路灯、广告牌、吊车等。

6. 公共场所守秩序

听从现场工作人员的指挥，不要慌乱，不要在出口处拥挤，要避开人流，避免被挤到墙壁或栅栏处。

（1）在影剧院、体育馆等处，应就地蹲下或趴在排椅下；注意避开吊灯、电扇等悬挂物；用书包等保护头部；等地震过去后，听从工作人员指挥，有组织地撤离。

（2）在商场、书店、展览馆、地铁等处，应选择结实的柜台、商品（如低矮家具等）或柱子边、内墙角等处就地蹲下，用手或其他东西护头；避开玻璃门窗、玻璃橱窗或柜台；避开高大不稳或摆放重物、易碎品的货架；避开广告牌、吊灯等悬挂物。

（3）在行驶的电（汽）车内，应抓牢扶手，以免摔倒或碰伤；降低重心，躲在座位附近；地震过去后再下车。

7. 特殊危险巧处理

（1）燃气泄漏时，用湿毛巾捂住口、鼻，千万不要使用明火，震后设法转移。

（2）遇到火灾时，趴在地上，用湿毛巾捂住口、鼻。地震停止后向安全地方转移，要匍匐、逆风而进。

（3）遇到化工厂着火、毒气泄漏时，不要向顺风方向跑，要尽量绕到逆风方向去，并尽量用湿毛巾捂住口、鼻。

（4）应注意避开危险场所，如生产危险品的工厂，易燃、易爆品仓库等。

8. 人被压住稳心神

若被物体压住了，首先需要稳住心神。

具体做法如下：

（1）设法避开身体上方不结实的倒塌物、悬挂物或其他危险物。

（2）搬开身边可移动的碎砖瓦等杂物，扩大活动空间，并注意防止周围杂物进一步倒塌。

（3）设法用砖石、木棍等支撑残垣断壁，以防余震时再被埋压。

（4）不要乱叫，保持体力，用敲击声求救。

震后，余震还会不断发生，环境还可能进一步恶化，要尽量改善自己所处的环境，稳定心神，设法脱险。

（八）家庭防震准备事项

（1）震前准备。家庭成员平时要熟悉地震知识，掌握简单包扎、人工呼吸等简单急救方法。发布临震预报后，家里应准备好食物、水、手电筒、简便衣物、塑料布和收音机等。选择好避震场所。房屋正门、楼道、走廊内不要放杂物，以便于人员疏散。

（2）震时应对。楼房内家庭成员震时可暂躲在牢固的床、桌子等坚固的家具下，或躲在卫生间等小房间内，地震时要用随手物件护头并捂住口、鼻。

（3）震后处理。未伤人员应尽快抢救受伤人员。被压在室内的人员要尽可能向有空气和水的地方移动，节约食物和水。封闭在室内的人员不可使用电气、火柴和蜡烛，最好用手电筒照明。保持镇定，保存体力，待外面有人时再大声呼救或撞击。若无受伤，则需尽快离开房间，不可轻易再进房间，对自己所处空间应设法加固。震后住在防震棚的人员，要特别注意饮水和饮食卫生，防止传染病蔓延。

（九）乘电梯必备的安全知识

（1）乘电梯时，请查看电梯是否有安全检验合格标志。超过检验日期或带故障的电梯，存在安全隐患，乘坐时要十分注意。

（2）不可在未看清电梯轿厢是否停靠在本层的情况下盲目进入，否则有可能导致人员坠落井道事故的发生。

（3）候（乘）梯时不要踢、撬、扒、倚电梯门，否则有可能发生乘客坠入井道或被轿厢剪切等危险。

（4）如果电梯满员，请耐心等待电梯的下一次服务。

（5）电梯超载报警时不要挤入轿厢或搬入物品，否则将可能造成电梯无法关闭，影响运行效率，情况严重时将导致曳引绳打落，轿厢下落，甚至造成人员被夹伤等事故的发生。

（6）不要用手、脚或物品阻止轿厢门的关闭，若需要电梯门保持打开状态，可按住轿厢内的开门按钮。进出电梯时行动不要过分迟缓，不要长时间一脚迈入轿厢，万一此时轿厢突然上升或下降，易发生剪切事故。

（7）在电梯运行时尽量离开门口站立，可以利用轿厢内的扶手站稳扶好。

（8）电梯到站停止后如果不开门，可以按开门按钮打开轿厢门，不可强行打开轿厢门，否则很可能发生坠落井道事故。

（9）不要在运行的电梯内嬉戏玩耍、打闹、跳跃和乱摁按钮，否则特别容易导致电梯安全装置误动作，发生"困人"以及伤亡事故。

（10）当电梯出现故障卡在层间时，请不必惊慌，轿厢和井道通风良好，空气充足，电梯设有多项保证乘客安全的措施，可以利用轿厢内设警报按钮或电话呼救物业部门和维保单位，耐心等待救援。切勿试图通过其他危险方式离开电梯。

（十）夏季防暑降温小常识

天气热，尽量避免在强烈的阳光下进行户外工作或活动，特别是午后高温时段和老、弱、病、幼人群；在进行户外工作或活动时，要避免长时间在阳光下曝晒，同时采取防晒措施，穿浅色或素色的服装，戴遮阳帽、草帽或打遮阳伞；多喝水，特别是盐开水，随身携带防暑药物，如清凉油、风油精等。在高温作业场所，企业要采取有效的防暑降温措施，加强对工作人员防暑降温知识的宣传，合理调配工人的作业时间，避免高温时段室外作业，减轻劳动强度。还可以在饮食上加以调节，喝些绿豆汤，也可用莲子、薄荷、荷叶与粳米、冰糖煮粥不仅香甜爽口，还是极好的清热解暑良药，可以有效地防暑降温，避免发生中暑。

盛夏酷暑，高温燥热，常使人们食无味、睡不香，容易出现头晕、头痛、乏力，甚至恶心、呕吐等症状，为了安全度夏，家庭应准备一些防暑药物。常见的防暑药物和食物有以下几种：

（1）十滴水：能清暑散寒，适于中暑所致的头昏、恶心呕吐、胸闷腹泻等症。

（2）藿香正气水：能清暑解表，适于暑天因受寒所致的头昏、腹痛、呕吐、腹泻突出者。

（3）清凉油：能清暑解毒，可治疗暑热引起的头昏头痛，或因贪凉引起的腹泻。

（4）金银花：具有祛暑清热、解毒止痢等功效，以开水冲泡代茶饮。

（5）菊花：具有消暑、平肝、利尿等功效，以开水冲泡代茶饮，高血压患者尤宜。

（6）荷叶：适宜中暑所致的心烦胸闷、头昏头痛者，高血压患者尤宜。

（7）西瓜：西瓜具有很好的清热养阴作用，是夏天去暑消渴的佳品。

1. 中暑的症状及急救方法

（1）先兆中暑：出现大量出汗、口渴、头昏、耳鸣、胸闷、心悸、恶心、体温升高、全身无力等症状。

（2）轻度中暑：除上述病症外，体温38℃以上，面色潮红、胸闷，或有面色苍白、恶心、呕吐、大汗、皮肤湿冷、血压下降等呼吸循环衰竭的早期症状。

（3）重度中暑：除上述症状外，还会出现昏倒痉挛、皮肤干燥无汗、体温40℃以上等症状。

2. 出现中暑后的急救措施

（1）迅速将中暑患者移至凉快通风处。

（2）脱去或解松衣服，使患者平卧休息。

（3）给患者喝含盐的清凉饮料或含食盐0.1%～0.3%的凉开水。

（4）用凉水或酒精擦身（重点擦拭双侧腋窝和腹股沟）帮助散热。

（5）重度中暑患者应立即送医院急救。

（十一）防踩踏常识与应急措施

拥挤是指在很短的时间内，因为某种突发的原因，在人员集中的场所内引起的情绪亢奋、行动过激、人群大量聚集的失控现象。拥挤是突发事件，当我们遇到拥挤情形时应该保持冷静，沉着应对，谨防因突发的拥挤致使人身伤害的发生。公共场所发生人群拥挤踩踏事件是非常危险的，当身处这种环境中时，一定要提高安全防范

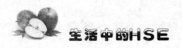

意识。在行进的人群中，如果前面有人摔倒，而后面不知情的人若继续向前行进，极易出现"多米诺骨牌"式的拥挤踩踏现象。

在一些现实的案例中，许多伤亡者都是在刚刚意识到危险时就被拥挤的人群踩在脚下。因此，如何判别危险，怎样离开危险境地，如何在险境中进行自我保护，就显得非常重要。

公共场所发生人群拥挤踩踏事件的预防措施有以下几种：

（1）发觉拥挤的人群向着自己行走的方向拥来时，应该马上避到一旁，但是不要奔跑，以免摔倒。

（2）如果到达楼层时有可以暂时躲避的宿舍、水房等空间，可以暂避一时。切记不要逆着人流前进，那样非常容易被推倒在地。

（3）若身不由己陷入人群之中，一定要先稳住双脚。切记远离玻璃窗，以免因玻璃破碎而被扎伤。

（4）遭遇拥挤的人流时，一定不要采用体位前倾或者低重心的姿势，即便鞋子被踩掉，也不要贸然弯腰提鞋或系鞋带。

（5）如有可能，抓住一样坚固牢靠的东西，待人群过去后，迅速离开现场。

（6）在拥挤的人群中，要时刻保持警惕，当发现有人情绪不对，或人群开始骚动时，要做好准备，随时保护自己和他人。

（7）在拥挤的人群中，千万不能被绊倒，避免自己成为拥挤踩踏事件的诱发因素。

（8）在拥挤的人群中，一定要时时保持警惕，不要总是被好奇心理所驱使。当面对惊慌失措的人群时，要保持自己情绪稳定，不要被别人感染，惊慌只会使情况更糟。

（9）如果出现拥挤踩踏的现象，应及时联系外援，尽快拨打110或120电话，寻求帮助。

（10）当出现火情、地震等紧急情况时，在场的教师和领导要注意按照应急疏散指示、标志和图示合理正确地疏散学生。

（11）举止文明，人多时不拥挤、不起哄、不制造紧张或恐慌气氛。

（12）发现不文明的行为要敢于劝阻和制止。

（13）在人群中走动，遇到台阶或楼梯时，应尽量抓住扶手，防止摔倒。

（14）当发现自己前面有人突然摔倒时，要马上停下脚步，同时大声呼喊，告知后面的人不要向前靠近。

（15）若被推倒，要设法靠近墙壁。面向墙壁，身体蜷成球状，双手在颈后紧扣，以保护身体最脆弱的部位。

（16）在救治中，要遵循先救重伤者的原则。判断伤势的依据有：神志不清、呼之不应者伤势较重；脉搏急促而乏力者伤势较重；血压下降、瞳孔放大者伤势较重；有明显外伤，血流不止者伤势较重。当发现伤者呼吸、心跳停止时，要赶快做人工呼吸，辅之以胸外按压。

（十二）儿童溺水 6 分钟急救知识

1. 下水迅速救上岸

由于孩子溺水并造成死亡的过程很短，所以应以最快的速度将其从水里救上岸。若孩子溺入深水，抢救者宜从背部将其头部托起或从上面拉起其胸部，使其面部露出水面，然后将其拖上岸。

2. 清除口鼻里的堵塞物

孩子被救上岸后，使孩子头朝下，立刻撬开其牙齿，用手指清除口腔和鼻腔内杂物，再用手掌迅速连续击打其肩后背部，让其呼吸道畅通，并确保舌头不会向后堵住呼吸通道。

3. 倒出呼吸道内积水

方法一：抢救者单腿跪地，另一腿屈起，将溺水儿童俯卧置于屈起的大腿上，使其头足下垂，然后颤动大腿或压迫其背部，使其呼吸道内积水倾出。

方法二：将溺水儿童俯卧置于抢救者肩部，使其头足下垂，抢救者呈跑动姿态就可倾出其呼吸道内积水。清理积水的同时，先要用手清除溺水儿童的咽部和鼻腔里的泥沙及污物，以保持呼吸道畅通。注意，倾水的时间不宜过长，以免延误心肺复苏。

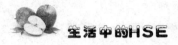

4. 水吐出后人工呼吸

对呼吸及心跳微弱或心跳刚刚停止的溺水者，要迅速进行口对口（鼻）式的人工呼吸，同时做胸外心脏按压，分秒必争，千万不可只顾倾水而延误呼吸心跳的抢救，尤其是开始数分钟。抢救工作最好能由两个人来进行，这样人工呼吸和胸外按摩才能同时进行。如果只有一个人的话，两项工作就要轮流进行，即每人工呼吸一次就要胸外按摩3～5次，并尽快与医疗急救机构联系。

5. 吸氧

事故现场如果具备较好的医疗条件，可对溺水者注射强心药物及吸氧。现场若有呼吸兴奋剂可拉明、洛贝林等可立即注射；若没有，则用手或针刺患儿的人中等穴位。

6. 喝下热茶水

经现场初步抢救，若溺水者呼吸心跳已经逐渐恢复正常，可让其喝下热茶水或其他营养汤汁后静卧。仍未脱离危险的溺水者，应尽快将其送往医院继续进行复苏处理及预防性治疗。

六、事故预防

（一）安全出行意识

1. 出行前做好车辆检查

出发前多一份准备，旅游就多一份保障。自驾出行前检查汽车机油是首要的，最好在出发前将车送到4S店做个全面的保养和安全检查，确保安全。

2. 注意制定路线

确定旅游目的地，根据地图和走过该条路线的朋友所提供的情况，做到对路况、饮食、住宿、加油站等所在位置心中有数。这样可以让您对所需时间、费用有一个大概的估算，还能减少不必要的花费，最大限度地节省时间和燃油。除此以外，在路上还要多与当地人联络，要掌握最新资料，必要时重新调整行车"路线"。

3. 避免疲劳驾驶

出行旅游的前一个晚上，一定要保证充足的睡眠。合理安排行车距离可以防止

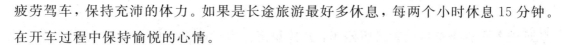

疲劳驾车，保持充沛的体力。如果是长途旅游最好多休息，每两个小时休息 15 分钟。在开车过程中保持愉悦的心情。

4. 遇恶劣天气慎"行"

面对突然变化的天气状况，车主们要注意慢速行驶，如早上雾大，最好是等待雾散时再出发，或是保持低速行驶。

5. 应变特别路段

长假出游，很多人会选择去偏远的大山里游玩。山路路况较为复杂，路面窄，弯道多，山洞多，视野有限。此时应选择道路中间或靠山的一面行驶，转弯时应牢记"减速、鸣笛、靠右行"的要领，随时注意对面来车和路况，如遇到陡坡应及时判断坡道情况。另外，切勿酒后驾车及高速路上超速。

（二）安全出行指南（特殊天气）

1. 雾天如何走高速公路

（1）注意道路旁情报板及标志牌显示的车速预告，即使薄雾天气也应根据视距远近，适当降低车速，加大行车间距为正常的两倍。能见度大于 200 米但小于 500 米时，白天也要开亮防雾灯、防眩目近光灯、示廓灯和前后位灯；时速不得超过 80 公里；与同一车道行驶的前车必须保持 150 米以上的行车间距。

（2）能见度小于 200 米但大于 100 米时，必须开启防雾灯和防炫目近光灯、示廓灯、前后位灯；时速不得超过 60 公里；与同一车道行驶的前车必须保持 100 米以上的行车间距。

（3）能见度小于 100 米但大于 50 米时，必须开启防雾灯和防炫目近光灯、示廓灯、前后位灯；时速不得超过 40 公里；与同一车道行驶的前车必须保持 50 米以上的行车间距。

（4）能见度小于 50 米时，公安机关依照规定可采取局部或全路封闭高速公路的交通管制措施。实施高速公路管制后，除执行任务的警车和高速公路救援专用车辆外，其他机动车禁止驶入高速公路。此时，已进入高速公路的机动车辆，驾驶员必须按规定开启防雾灯和防炫目近光灯、示廓灯、前后位灯，要在保证安全的原则下，驶

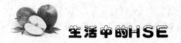
离雾区，但最高时速不得超过 20 公里，未按国家标准安装防雾灯的机动车辆，必须就近驶入紧急停车带或者路肩停车，并按规定开启危险报警闪光灯和设置故障车警告标志。

（5）不要猛踩或快松加速踏板，也不要紧急制动或猛打方向。

（6）停车以后，车上人员应立即下车到右侧防护栏外的土路上休息等候，以防不测。

（7）如前方车辆发生交通事故，不要在车旁或者两车之间停留议论或察看情况，以防不测。

2. 雪天和路面结冰时如何安全行车

（1）降低车速，按情报板及标志牌上预告的车速行驶，或者以 50 公里/小时左右的速度行驶，有利于防止车辆侧滑，缩短制动的距离。

（2）加大行车间距，雪天行车间距应为干燥路面的 2～3 倍以上。

（3）沿着前车的车辙行驶，一般情况下不要超车、急转弯和紧急制动。需要停车时，要提前采取措施，多用换挡，少用制动，并可以利用发动机的制动作用来控制车速，力求防止各种原因造成的侧滑。

（4）在冰雪弯道或坡道上行驶时，提前减速，一气通过，避免途中变速、停车或熄火。

（5）积雪路面上行车，虽然没有冰路那么困难，但也要时刻注意，如有条件可安装防滑措施。雪天时驾驶员视野受阻也是行车的一大障碍，必要时可使用雨刷器，雪后天气比较寒冷，积雪被压湿后路面比较滑，此时行车就必须参照冰路行驶原则进行。

（6）路面结冰时，应将车辆立即驶到服务区或停车场。及时安装轮胎防滑链或换用雪地轮胎。在高速公路上使用防滑设置一定要严格遵守高速公路的有关规定，因为防滑装置不是绝对安全的装置。

（7）如遇前轮滑溜，应及时松开刹车，修正方向；如遇后轮滑溜，就向滑溜一方纠正方向盘；如遇动力滑溜应及时抬起加速踏板；如遇横向滑溜，汽车进入旋转状态，不要慌乱采取措施，等汽车停稳后重新起步。

3. 雨天如何行车

（1）出车前要注意气象预报和天气变化，雨刷器要保持完好有效，做好点火系统的防潮工作。

（2）减速行驶，要把车速降低 20% 左右。控制好行车速度。

（3）增加行车间距，应为干燥路面上车间距的两倍以上。

（4）不要紧急制动或猛打方向盘。减少变更车道的次数，一般不要超车。

（5）降雨初期，因路面上的灰尘与水刚刚混合形成泥泞，使得汽车特别容易打滑，事故也多集中于此时发生，所以要特别注意。

（6）在高速公路下坡道的最低点附近，是路面最易积水的地方，汽车高速通过该路段时，容易产生"水滑"现象，要特别注意。

（7）小型客车通过积水路段时，如果感觉到方向盘发漂，可能就是发生"水滑"现象的前兆，此时要注意减速行驶。

（8）遇特大暴雨或冰雹应停驶。最好驶入服务区躲避，让驾驶员和乘车人得到充分的休息，待雨停再上路。来不及驶入服务区时，应选择安全处把车停好，并开启危险报警闪光灯、示宽灯，引起来车注意。

（9）大暴雨天气，还要特别注意不稳定边坡的滑塌和山区高填挖路段的落石。

4. 强风天气下如何行车

（1）注意气象预报，掌握风力风向信息，如收听广播电台气象预报，注意信息板显示的风力风向信息。高速公路上如设有风标，可以通过风标得知该路段的风向风力。

（2）适当降低车速。全神贯注，双手紧握方向盘。如突遇狂风，发现车辆产生偏移时，应一点一点微量地转动方向盘，将车辆行驶方向回正，如猛打方向盘修正过量，极易发生车祸。

（3）得知高速公路某一路段刮七级以上大风时，可驶入服务区或将车停在应急停车带上。

（三）孕妇必读安全出行指南

1. 切不可单独出行

孕妇最好不要独自出行，一定要有人陪同，以防不测。虽然孕中期这段时间会较

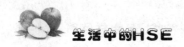

平稳，但不能排除意外事件的发生。身边有人陪同，孕妇会有安全感，身心感到放松与愉悦，发生意外时也可以及时得到帮助。

2. 以下情况不宜出行

妊娠前 3 个月，一方面由于胎盘尚未发育成熟，胎盘与子宫壁的连接还不紧密，另一方面孕激素分泌不足，不能给予胚胎强有力的维护，此时出行，容易造成流产。

怀孕 28 周后就属于孕晚期，建议暂时不要出远门，因为需要坐长途汽车或火车，孕妇坐长途车有可能会刺激子宫引起宫缩，易造成早产事件的发生。例如，在深圳北开往厦门北的 D2318 次列车上就发生过早产的事件。虽然最后母女平安，顺利渡过难关，但这种情况风险极高，对孕妇的身心健康也不好。所以孕晚期孕妇不要冒险出行，建议生产以后再择日出行。

3. 交通工具巧选择

尽量乘坐平顺宽大、附带卫生间设施的交通工具，如火车、大型轮船等。提前预定车票，尤其在春运期间"一票难求"，切不可出行前临时购票，若选票不当，不仅易对孕妇身体造成损害，也会影响孕妇出行的心情。因此，孕妇出行应早做准备，选择最舒适、最便捷的出行方式。

4. 出行前的产检很必要

产检的目的，一是看宝宝是否健康，是否适合出行；二是可以针对现有情况带上必备药品，确保旅途万无一失。

5. 出行前需准备的物品

（1）药品。在出发前，应按产检医师的建议准备一些药物。另外，准备一些适合孕妇服用的抗腹泻药、口服的肠胃药和外用的酒精棉片、止吐药、优碘、外伤药膏、蚊虫咬伤药膏、维生素保健药等。

（2）孕妇资料与文件。孕妇产前检查手册、保健卡一定要带。平时进行产前检查的医院、医师的联络方式也要写下来，以备不时之需。同时，因为有些航空公司要求怀孕妇女提供医师信件以证明无飞行的顾虑，或证明怀孕周数（航空公司不接受怀孕 36 周以上孕妇乘坐），作为是否允许搭机的依据，所以这些信件或证明文件也要随身携带。

（3）卫生用品。准妈妈还要准备孕妇需要用到的卫生用品，包括弹性袜、托腹带、护垫以及可以清洁公用马桶盖的消毒喷剂等。最好备一双拖鞋，解放双脚的束缚。

（四）宝宝安全出行指南

1. 给宝宝穿贴身内衣

有的妈妈认为只要外面穿上厚衣服就可以保暖，不注意宝宝的内衣。其实柔软的棉内衣不仅可以吸汗，而且还能让空气保留在皮肤周围，阻断体内温度的丢失，使宝宝不容易受凉生病。而不穿贴身内衣的宝宝则体表热量丢失得多，很容易感冒。

2. 毛线衣裤要安全

春秋天温差大，外出时，一定要给宝宝穿保暖功能好的毛线衣裤。宝宝肌肤柔软，小小的刺激也可引起皮肤过敏，在选购时毛线质地是最要考虑的因素。

3. 干爽透气的小袜子

宝宝一旦脚冷，身体也很容易发冷。让宝宝的脚部感觉温暖非常关键。但很多家长还错误地认为宝宝的袜子越厚保暖效果越好，其实如果袜子厚但不吸汗的话，很容易潮湿，大量的水分会挤掉袜子纤维中的空气，由于少了空气这种极好的隔热体，袜子潮湿时就会使宝宝的脚底发凉，反射性地引起呼吸道抵抗力下降而患上感冒，因此要给宝宝选择纯棉质地且透气性好的袜子。

4. 柔软合脚的鞋子

如果鞋子太大，宝宝走起路来不跟脚，脚上的热量就容易很快散失；反之鞋子太小，和袜子挤压结实，影响了鞋内静止空气的储存量，也不能很好保暖。

最好的选择是，宝宝鞋子要以稍稍宽松为宜，质地以透气又吸汗的全棉为最好。宝宝穿起来大小合适、舒适柔软，鞋子里能够储留合适的空气，从而使宝宝的小脚更加温暖。在天寒地冻的北方，为宝宝选择鞋时，还要注意鞋底的防滑、防冻。

5. 保持体温的帽子

宝宝25％的热量是由头部散发的，所以出门一定要给宝宝戴帽子。帽子的厚度要随气温情况而增减。最好给宝宝戴舒适透气的软布做成的帽子，不要给宝宝选用

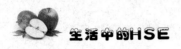

有毛边的帽子，否则帽子很容易刺激宝宝皮肤。

（五）防火安全常识

1. 火灾预防的基本概念

（1）火的形成需要三个条件：可燃物、空气和火源，三者缺一火即无法形成。

（2）对火灾的扑救，通常采用窒息、冷却和拆除火种等方法。

（3）"一畅二会"原则。"一畅"即走火通道畅通，进入新环境一定要先确认逃生通道；"二会"即会逃生、会救火。

（4）"1、2、3逃生"原则：1分钟救火，2分钟逃生，3分钟每走一步要小心。

2. 防火一般常识

（1）火灾事故中大多数未逃出的人员是因为浓烟窒息而死的，浓烟中含有毒物质，所以有浓烟时要注意：第一，只能吐口水，而不能吞口水；第二，头与地面尽量接近，用毛巾等捂住口鼻；第三，看不清路时摸墙而行。

（2）出现灾情，一定要冷静处理，不能慌乱。身上着火，千万不要奔跑，可就地打滚（12秒左右翻一次身）或用厚重衣物压灭火苗（起水泡后不能用此法，只能用降温方式）。

（3）遇火灾不可乘坐电梯，要向安全出口方向逃生。

（4）门遇火把手发烫时，千万不要开门，以防大火窜入室内。要用浸湿的被褥、衣物等堵塞门窗，并泼水降温。

（5）若所有逃生线路均被大火封锁，要立即退回室内，用打手电筒、挥舞衣物、呼叫等方式向窗外发送求救信号，等待救援。

（6）千万不要盲目跳楼，可利用疏散楼梯、阳台、排水管等逃生，或把床单、被套撕成条状连成绳索，紧拴在窗框、铁栏杆等固定物上，顺绳滑下，下到未着火的楼层脱离险境。

（7）火险报警电话：119、112、110。拨通电话后，一定要说明火险发生地点、楼层、人员情况等。

3. 用电及电器防火安全常识

（1）保险丝熔断，是用电过量警告，不可愈换愈粗，以免短路时不能即时熔断，引起电线着火。

（2）电线陈旧最易破损，应注意检查更换，衣柜不可装设电灯烘烤衣物。电暖炉房不可设置易燃物品或靠近衣物。

（3）使用电热水器时应检查其自动调节装置是否损坏，以免发生过热，引起爆炸后燃烧。

（4）家用电器连续使用时间不超过 12 小时，连续使用 12 小时后应关机休息 40 分钟，再开机使用。

（5）充电器使用后必须从电源插座中取下，人员离开办公区域或家后必须保证电器及电源关闭。

（6）手机充电时应关机充电，并放置在安全地方。请勿在床头充电，以免入睡后，手机充电引起火灾。

（7）电扇使用时应离开窗帘一定距离，确保不会有物体进入转动的风扇内引发火灾。

4. 高楼、商场防火注意事项

（1）"上三下二"：发生火灾的上面三层与下面二层都是危险区域。

（2）中央空调的楼宇一旦发生事故，人员应立刻堵上空调口以免浓烟通过空调口进入房间。

（3）商场和大厦内都配有防护面具（消防栓处的红色盒子内），出现灾情可就近使用防护面具（注意将呼吸鼻两端的盖子打开），没有面具的可用打湿的衣服护住口、鼻，快速撤离现场。

（4）撤离时因浓烟会看不清逃生线路，请尽快沿墙边，用手摸着墙壁（带小孩的人员左手握住右手成环形将小孩圈在身前，左手手背贴墙），身体向前弯成 90°，使脸部尽量接近地面，离开现场。

（5）请勿选择跳楼的方式逃生；高层的被困人员可用结实一点的窗帘或布条打两圈死结，结成救生绳，确认安全不松散后，沿救生绳滑下逃生。

5. 外出注意事项

乘坐火车或汽车遇火灾时，应待车停稳后迅速找到安全出口或打破窗门逃生，

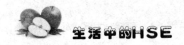

车未停稳不可冒险跳车，以免致重伤或丧生。

投宿饭店、旅社应先观察安全门、楼梯及各种防火设施的位置与逃生方向。

（六）老年人安全防范小知识

老年人居家时间多，要搞好邻里关系，彼此之间家庭成员要熟悉，常来常往的亲戚要清楚，当遇到可疑的人或陌生人在附近徘徊、观望、观察、敲门时，一定要多加小心，必要时拨打110报警。

在一楼居住的老年人，门窗一定要牢固，墙外不要有可攀爬的物件，如树木、砖墙等，一定要安装防盗铁门和筑铁栅栏，正门最好有"观察洞"。安装弹子锁的，出门和睡觉时要反锁。用门链和使用挂锁的，要用大卡钳不易钳断的粗门链和保险锁，并要养成良好的随手关门、关窗、锁橱的习惯，子女应经常提醒。

老年人家里不要存放大量现金，首饰、存折等贵重物品应放置在不宜被外人发现的地方。大多老年人记性较差，经常将存单、存折上的账号、密码、款数等记在日记本上，因此提醒广大老年人不要将存单、存折及身份证、户口簿等放在一起。

对不了解底细的人，坚决不让其进家滞留或做客。对上门维修、送货、送礼等身份不明的人员，要查明其身份，或尽量等子女回家后接待。

老年人外出乘车或购物时，防止钱包被窃有两个小办法：一是将钱包放入裤子侧袋后，只要捏着侧袋连同钱包扭转半圈，这样窃贼就是伸手也拿不到钱包；二是在放入外衣口袋的钱包上再放一些糖果、纸巾等物品，塞得鼓鼓囊囊，增加窃贼下手的难度。

老年人大多心地善良，喜欢助人为乐，但有不法之徒则利用老年人的热心和善良，以问路为幌子，套出家庭地址，盗走老年人的钥匙到其住宅大肆行窃。还有不法之人会在手绢或问路纸条上洒上麻醉物品，伺机抢夺财物。所以，遇人问路，特别是在偏僻的地方不要和对方靠得太近，说话简短，话毕即走。

（七）关注老人居家安全护理

目前，家庭养老成为我国主要的养老方式，那么如何让老年人在家安享晚年呢？专家表示，"老年人居家养老安全的重点在于防范，我们可掌握针对老年人居家安全问题进行护理的防范方法，从而达到老人在家安度晚年的目的。"

"老年人听力下降，记忆力减退，免疫功能下降，或受疾病所因等，均是增加受伤的危险因素。因此，老年人居家养老有较大的护理难度。"专家指出，在这些问题中，最重要的是老年人的安全问题。2008 年，北京护理学会老年病专业委员会对北京市 10 个城区的医院、养老机构、社区的 2895 名老年人的调查结果显示，老年人最常见安全问题的发生率由高到低依次为跌倒（31.26%）、坠床（3.90%）、烫伤（3.59%）、压疮（3.25%）、误吸（3.21%）、窒息（1.52%）、走失（1.21%）。

1. 防跌倒，起居注重细节

跌倒是最常见的安全问题，我们常说的跌倒是指直立或在平地行走时摔倒，或从高处摔下的现象。跌倒的原因很多，主要有以下几点：

（1）环境和设施因素。地面潮湿有水、不平，地毯松脱，地板打蜡过滑；室内空间狭小，物品摆放不当，光线过强或过暗；座椅、床过高或过低；浴室、坐便器无安全扶手，无防滑垫；衣服、鞋不合适，鞋底滑，穿拖鞋走路等。

（2）生理因素。老年人肌肉萎缩，肌力下降，运动神经传导障碍，关节退行性病变，激素水平下降。

（3）药物因素。镇静剂、精神类药品影响平衡功能，容易跌倒；抗精神病药导致的锥体外系反应；服用降压药、降糖药等。

（4）疾病因素。癫痫，脑血管疾病、心血管疾病，骨关节疾病、糖尿病、帕金森病等，导致老年患者出现头晕、步态不稳、虚弱、视觉或意识障碍等症状。

（5）心理因素。退休导致社会职能发生变化，受家庭关系、疾病及其心理反应、经济问题、生活琐事等影响，老年人很容易出现孤独、忧郁、焦虑、愤怒、多疑等负面情绪，造成注意力不集中；有的老年人从而成为跌倒的高发人群。

（6）此外，照顾者对老年人病情了解不够，缺乏耐心和热情以及照顾方式不到位也是造成老年人跌倒的主要因素之一。

预防跌倒，首先要确定高危人群，其次要帮助老人熟悉生活环境并尽量改善，同时要温度适宜，光线柔和，地板要防滑，浴室和卫生间安装扶手，床高度适宜，房间内要安静，避免拥挤嘈杂。生活起居要做到 3 个"30 秒"：醒后 30 秒再起床，起床后

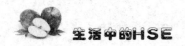

30 秒再站立，站后 30 秒再行走。

老年人还要注意合理着装，衣服要尽量合身，好穿好脱。尽量别穿带绳索的衣服；要教会老人正确的移动姿势，切记不要心急；提醒老人或护理人员老人蹲下或站起时要慢，不要突然站起，防止体位性低血压引起的跌倒。夜间尽量不要上厕所，使用便盆或便壶，并最好能有专人看护。

如果老人不慎跌倒，不要马上移动老人，呼叫老人看其能否正确应答，能否移动肢体，确定能够搬动时安排合适的体位；对于受伤的部位要做紧急措施，局部止血，包扎伤口；安抚老人，让他们情绪平复。如果情况严重，应赶紧拨打急救电话，同时注意用正确的姿势搬运老人。

2. 防烫伤，谨慎远离热源

烫伤是由沸液（如沸汤、沸水、沸油）、蒸汽等引起的组织损伤，是热力烧伤的一种。造成烫伤的因素主要有以下 3 点：生理老化因素，如痛温觉衰退、视力变差、皮肤组织衰老等；热应用因素，如电热毯、暖壶的使用不当，药物热疗、烤灯等；生活中的热应用，如热油、蒸汽的使用等。

预防烫伤，首先要确认高危人群，注意评估老年人的视力、意识、热应用能力和生活自理能力等；其次，消除危险因素，注意热水、热油和热蒸汽的使用，沐浴水温不要超过 42℃，热应用应低于 50℃；烤灯、电暖气等与老人的距离不少于 30 厘米。如遇烫伤，首先要远离热源，离开现场；其次要判断伤情，清除衣物，严重者应立即送往医院，同时要保护好烫伤皮肤。

3. 防压疮，科学减少压力

压疮是身体局部组织长期受压，血液循环障碍造成皮肤及皮下组织持续缺血、缺氧、营养不良而导致的软组织溃烂和坏死。产生压疮的因素很多，只要存在压力、摩擦力作用于皮肤，都会引起压疮。此外，皮肤老化、肥胖且缺乏运动、营养不良、吸烟等都是引起压疮的危险因素。

预防压疮，首先应确定高危人群，其次应做到以下几点：一是减少压力，勤翻身，最好两小时一次，保护骨隆突处，垫软垫、充气床垫等。二是正确使用石膏、绷带、夹板、氧气面罩等；避免物理因素刺激，保持床单平整、干燥无渣屑，做到勤更换、勤整理、勤擦洗，正确使用坐便器；改善营养状况，治疗原发病。如果已经发生了压疮，应及时治疗，同时勤翻身，记录翻身状况，并做动态评估。

4. 防窒息，遵"三早"原则

在此所讲的窒息是指固体食物所造成的窒息。窒息的原因可能是自我进食能力的退化、牙齿脱落导致咀嚼受到影响，或精神症状引起的暴饮暴食等，还有可能由一些药物的不良反应引起。窒息的防范可遵循以下"三早"原则：

（1）早识别。可通过《洼田饮水试验》吞咽功能评定量表确定高危人群，同时评估老年人的年龄、疾病、消化功能、现病史和误吸史。

（2）早处理。对于高危人群给予软食或流食，让老年人细嚼慢咽，缓慢进食。喂食速度不宜过快，温度适中。给卧床老人喂食时应使其为半卧位，进食30分钟后才可平卧。对缺牙较多的老人，装合适的假牙，晚餐后不再进食。

（3）早发现。老年人进食时要注意观察，若发生窒息现象，马上停止进食，迅速用手指掏出口咽中的食团，也可采用海姆立克急救法就地抢救，清除口咽部食物，疏通呼吸道，促进心肺复苏。

5. 防走失，随身携带信息

走失是指因视觉空间功能损害，有的伴随地点定向力障碍和时间定向力障碍，在离家稍远的地方便会迷失方向，导致走失。走失的原因可能是住所环境发生了改变，或是一些疾病因素，特别是老年认知障碍患者。

防范走失，除了评估年龄、疾病和意识以外，还要随身携带安全卡，并标注姓名、住址、家属的联系电话。此外要让老人记住住所附近的特殊标记，如一些标志性建筑物等。

如果发生老人走失的情况，首先要向当地街道提供信息，共同寻找，必要时要报当地公安机关。找到老人后，要对老人做评估，必要时就医对症治疗。

（八）老年人如何防骗

不法分子在行骗前一般都有周密细致的预谋，会事先搜集各种信息，掌握受害人的心理状态，随机应变，花言巧语，极力迎合受害人的心理，在骗取受害人的信任后，再诈骗他们的财物。而中老年人由于生活环境相对封闭，防范意识相对薄弱，不少人还掌握着家庭财权，有在短时间筹集大量现金的能力，因此一旦有高额利润引诱，极易上当。

面对形形色色的骗术，一定要保持清醒的头脑，不贪图小利，不轻信他人谎言，牢记世上"没有免费的午餐"。平时多关注新闻媒体、社区内黑板报、宣传栏、标语等宣传信息，了解当前多发的各类诈骗手法，提高警惕，加强对诈骗伎俩的识别能力。看见类似的诈骗行为要立即拨打110报警，让公安机关在第一时间掌握线索，打击违法犯罪行为。骗子常常主动与老年人打招呼，套近乎，有的老年人容易放松警惕，因此我们要提醒老年人，千万不要和"陌生人"过于亲近，以免上当受骗。

另外，老人独自外出时不要带贵重物品和首饰。作为子女，除了平时要提醒老人多注意外，还应该多关心老人的日常生活起居。老年人一旦受骗，往往十分后悔和自责，要多点耐心来安慰老人，减轻老人的精神压力。

老年人要注意安全理财，不要掉进骗子的陷阱。对于老年群体来讲，理财的目的更重要的是减少风险，让资金尽可能地保值增值。因此，老人理财，"稳当"和"安全"最重要。

老年人理财投资要遵循以下四大原则：

第一，避免高风险，安全为主。老年人做投资理财，首先考虑投资渠道的安全性，以稳妥收益为主。一般情况下，高收益往往伴随高风险，老年人从精神上很难承受投资失败带来的精神压力，应根据个人情况选择风险较低的理财产品及平台进行投资最为妥当。

第二，盘点好资产，灵活方便。老年人理财投资应先分析好自己的收入、支出、存款情况，计算可用的闲置资金，再规划理财产品，切忌一次性全部买入一款理财产品，以防资金回笼困难。老年人因生病、住院等急需用钱的概率相对较高，所以老年人在存钱的时候应适当考虑支取的方便性和灵活性。

第三，投资不能贪，稳健增值。合伙人金融理财专家认为，老年人应该多重视稳健型、多元化的投资方式，例如配置银行储蓄、互联网P2P理财等。银行储蓄年化率3%左右，利润虽小，但安全系数较高；国债年利率大概为5%；另外，综合选择互联网 P2P 理财，也非常不错，安全有保障，投资门槛也相对较低。

第四，保养好身体，适度消费。老年人应当改变陈旧的消费观念，可适度把部分积蓄用于改善生活，如参加文体活动、身体保健和疾病治疗等用途，提高生活质量，保障身体健康。

（九）老年人运动锻炼安全常识

1. 运动项目选择

一般而言，老年人应选择自己喜欢且可终生维持的低冲击性运动项目，但运动必须持续一段时间才可看出效果，所以要有恒心，最好参加一个运动团体，大家一起运动，互相鼓励和关怀，进而达到运动交友的目的。下列几项运动可供老年人选择：

（1）太极拳。柔中带刚，重心转移的流畅有助于肌肉的协调和平衡的训练，是很好的运动。但因多在屈膝的状态下移转重心，单脚承重，关节的负荷很大，因此，膝关节不适者不适合。

（2）瑜伽。对关节、肌肉的柔软度帮助最大，但一定要缓慢进行，防止拉伤。因每个人的柔软度不同，不要心急，不要和别人比。否则很容易拉伤。

（3）韵律舞、社交舞。这类舞蹈是有利于身体健康的有氧运动，能塑造老年形体，增强自信，此外，还能愉悦身心，缓解精神压力。

（4）快走、骑脚踏车、游泳也都很合适老年人，但慢跑、爬山对膝关节的负荷较大，不太适宜有关节疾病的老年人。

2. 运动须知

（1）运动的强度及时间要依个人的体能慢慢地增加，强度要适当，不能过度劳累；最好每天做 30 分钟左右的运动或每周维持至少 3～5 次，每次 30 分钟的运动。要合理安排运动时间，避免时间太长。

（2）运动前要进行 10 分钟左右的暖身运动，运动后也要有 5～10 分钟的缓和运动。

（3）选择合适的运动鞋，鞋底要富弹性且要防滑。

（4）选择平整且温度适宜的运动场地，以保证运动安全、舒适。

（5）不要空腹运动，因为活动会消耗大量的能量，空腹锻炼极易发生低血糖，活动前应适当喝些糖水或吃点水果，活动结束后，可休息 30 分钟左右，使心肺功能恢复稳定状态，同时胃肠系统有适当的准备，然后再开始进食。

（6）用餐前后 1 个小时内不宜运动。

（7）运动前或运动中有头晕、胸痛、心悸、脸色苍白、盗汗等情形时，应立即停止运动。

（8）高血压、心脏病、糖尿病、关节疾病以及腰、肩、颈酸痛，手脚关节急性扭伤等个别健康问题者，应请专业的物理治疗师指导合适的运动方法、运动强度及注意事项。运动时应随身携带心脏等急救药物。

（9）运动前应了解当日天气，雨雪天、**浓雾天气**、大风天、空气污染较为严重的天气最好不到室外做运动。

3. 季节性运动常识

1）春季运动常识

适合春季健身运动的项目较多，但是每个人的年龄、体质、个人爱好等均有所不同，应选择适合自己的健身项目，以达到最佳的健身效果。一般老年人可选择散步、慢跑、体操、舞剑等运动项目；较为肥胖的老年人可选择快走、慢走、健身操、郊游、骑自行车等运动项目。

初春的早晨往往气温较低、湿度相对较大，室内外温度反差也较大，人体由温暖的室内到户外突然受冷，很容易导致伤风感冒、哮喘发作等病症，因此，早春时节到室外做运动应在太阳升起后进行，且运动时衣着穿戴应注意保暖；锻炼后应用干毛巾擦干身上的汗水，并及时穿好御寒衣服。其次，在运动前要做充分的准备活动，如活动腰、四肢的关节，以促进局部血液循环，防止和避免扭伤的发生。另外，锻炼强度应根据自己的实际情况循序渐进，及时调整运动量。

2）夏季运动常识

运动前应做 30 分钟左右的热身，让身体出汗，并把关节、韧带活动开。护踝、护肘、护腰等装备要配戴到位，并在休息时解开护具使皮肤表面散热。运动时间和地点要考虑天气的影响，尽量避免在炎热的日光下做户外运动，要谨防被太阳灼伤，并要随身携带防暑药品。

3）秋季运动常识

秋季太阳光照较为猛烈，在户外活动时，尤其是中午时分要防止长时间的太阳曝晒。同时要注意调节饮食，要多吃一些水分丰富的食物，如蔬菜、瓜果、牛奶、豆浆等，平时要多喝水，以增加皮肤的水分供给。

初秋时节早、晚较为凉爽，是比较适宜做户外运动的。老年人要加强耐寒锻炼，以增强肌体适应多变气候的能力，提高对疾病的抵抗力。可选择登高运动，登高可以增强体质，提高肌肉的耐受力和神经系统的灵敏性。在登高的过程中，人体的心跳和血液循环加快，肺通气量、肺活量明显增加，内脏器官和身体其他部位的功能同样也得到很好锻炼。此外，山林地带空气清新，大气中的浮尘和污染物也较少，而且氧离子含量高，在这样的环境中活动，非常有利于身心健康。但是，老年人参加登高活动也要量力而行，注意安全，掌握正确的登高姿势（上山的身体重心要前移，步子放小，落脚点要近，坡度较陡的山路应膝盖抬高，上体前倾；下山时上体要直立或稍向后仰等）同时要注意气温的变化、身体功能的变化，不要勉强。

深秋时节，早、晚比较冷，活动不宜太剧烈，尽量以平缓运动，并注意适时添加衣物，以防止感冒等病症的侵袭。

4）冬季运动常识

冬季气候寒冷，人体的新陈代谢功能有所减弱，是多种疾病的高发期。冬天进行户外运动，可调节新陈代谢机能，增加热量产生，增强大脑皮质兴奋和体温调节，因而冬练是抗寒护阳的重要方法。但是，老年人在做冬季运动时应注意以下几个方面：

（1）要选择合适的时间和环境。冬季锻炼的最佳时间应是上午9至11点钟左右，并且要选择没有雾的时候进行。早晨不宜在树丛中锻炼，因为没有阳光照射，树木本身的呼吸作用会产生大量二氧化碳，长期在树林中锻炼会出现头昏、身体不适的感觉。

（2）要选择适宜的运动方式。老年人要根据年龄、健康状况、体质水平等不同情况，恰当地选择冬练方式和强度，且要遵从循序渐进的原则，确定适宜的运动量和运动方式；每次锻炼时间不宜过长，一般半小时为宜。老年人冬季不宜选择剧烈的运动，应选择中小运动项目，如太极拳、气功、散步、徒手操等。不宜做倒立、较长时间低头、骤然前倾弯腰、仰卧起坐等动作。由于老年人肌肉收缩力减退、骨质疏松等，亦不宜翻跟头、大劈叉、快速下蹲、快跑等运动方式。

（3）要注意保暖。老年人体温调节功能下降，末梢循环差，抗寒免疫能力远不如年轻时强，因此，容易受冷空气或风寒侵袭而引发多种疾病，因而，老年人冬练不可忽视保暖。运动锻炼开始时要多穿些衣服，戴帽子、手套等。经过 10 分钟左右暖身活动后，待身体发热时再逐渐减衣服。锻炼结束后，应擦干身上的汗水，并立即增添保暖衣服。

（4）要注意安全。老年人运动时首先要注意预防运动意外、运动创伤和疾病发作。运动锻炼前要做好准备活动，将肌肉和关节活动开，避免运动量过于集中在某一部位，一有异常情况，应立即停止锻炼。老年人冬练前对自己的健康状况要有充分的认识，最好做一次全面身体检查；如有心、肺、脑等器质性疾病应按医嘱进行锻炼，并随身携带急救药品，争取结伴或集体活动。

（5）不要起得太早。老年人为了锻炼起得太早是不可取的。凌晨是中老年人心肌梗死、缺血、心律紊乱、脑血管等疾病的高发期，若在这时候锻炼，会诱发意外疾病的发生，甚至引发突然死亡。因此，老年人最好在早晨 8～9 点进行锻炼较为适宜，夏季可适当提早到 7 点左右。

（6）不要空腹锻炼。运动需要消耗很多能量，而能量主要来源靠脂肪的分解，空腹运动时，人体血液中游离脂肪酸浓度会显著增高。老年人由于心肌能力降低，过剩脂肪酸带来的毒性往往使老年人产生心律失常的状况，使肝脏合成的甘油三酯增高，会引起和加剧老年人冠心病、动脉硬化症。因而，早晨锻炼应吃些食物并喝杯温开水为好。

（7）不要急于求成，搞疲劳战。有些老年人在工作时没有充分的时间锻炼身体，待退休后马上就投入大量时间进行运动，想迅速通过高强度的运动在短时间内获得健康的体魄，这种方式是不可取的。过量运动往往会破坏人体内外运动平衡，造成生理功能失调。平时锻炼少的人，心肺、关节等功能都必须有一个适应过程，急功近利只能适得其反。

（8）不要突然停止运动。人在运动时，下肢肌肉血液供应量急剧增加，同时将大量血液自下肢沿静脉流回心脏，如果运动后突然静止不动，就会使下肢血液淤积，不能及时回流，心脏进血量不足，会引起头晕、恶心、呕吐甚至休克等病症，因此，运动后应继续做些缓慢的放松活动。

（十）老人用药安全常识手册

1. 掌握最佳用药量

从 50 岁开始，每增加 1 岁应减少成人用量的 1％；60 岁以上用成人剂量的 1/3；70 岁用 1/4；80 岁用 1/5。

2. 老人不适用药物

老人应慎用麻黄、甘草和大黄。麻黄有致中枢和交感兴奋的作用，易致老人发生失眠、血压升高、心绞痛等疾病，男性老人还易引起尿潴留；甘草易引起血压升高、浮肿、血清钾降低等，加剧高血压症状。血压升高时，服用利尿剂可使血清钾降低，与甘草方剂并用时要注意。要减少大黄的使用率，一旦使用，应从小量开始，否则可引起腹泻和腹痛。

3. 要"五先五后"

先取食疗，而后用药。俗话说："是药三分毒"，所以，能用食疗的先用食疗。例如喝姜片红糖水可治疗风寒性感冒，食疗后仍不见效可考虑用理疗、按摩、针灸等方法，最后选择用药物治疗。

（1）先用中药，后用西药。中药多属于天然药物，其毒性及副作用一般比西药小，所以在服用西药前可考虑先服用一段时间中药。

（2）先以外用，后用内服。为减少药物对机体的毒害，能用外用药治疗的疾病，比如皮肤病、牙龈炎、扭伤等可先用外敷药解毒、消肿，若不见好转，再结合内服消炎药。

（3）先用内服，后用注射。有些中老年人一有病就想注射针剂，以为用注射剂病好得快，其实不然。药剂通过血流向全身，最后进入心脏，直接危及血管壁和心脏。因此，能用内服药使疾病缓解的，就不必用注射剂。

（4）先用成药，后用新药。近年来，新药、特药不断涌现，但由于其应用时间较

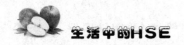

短，其缺点和毒副作用尤其是远期副作用还没被人们完全认识，因此，中老年人患病时最好先用成药，确实需要使用新、特药时，也要慎重，特别是进口药物。

4．忌重复用药

老年人因肝肾功能减退，导致机体对药物的吸收、分布、代谢和排泄等能力减退，所以其不良反应率要比年轻人高 2～3 倍，只有充分认识这一问题，合理用药，方能达到用药安全有效和防病治病之目的。

（十一）孩子夏季居家安全注意事项

即便是居家，也会潜伏着不安全的因素，尤其是夏天，以下四类情况要特别注意。

1．夏季居家安全防蚊叮

孩子皮肤嫩，被蚊虫叮咬后，局部会出现发红、充血等症状，并很快出现肿胀，伴瘙痒感。而孩子一痒很自然地就去抓，结果往往是越抓越肿，抓破了还会引起感染，严重的还会化脓。有过敏症的孩子还会有诱发荨麻疹的危险。

1）预防计划

（1）保持室内干净，是减少蚊虫的基本措施。

（2）做好室内的防蚊工作，比如在下午 5 点以后尽量少开窗，以防止蚊虫进入。

（3）备好防蚊工具，比如防蚊灯。

（4）最好给孩子睡觉的小床上挂蚊帐。

（5）花露水有独特的香味，可以驱蚊，但不宜直接洒在孩子皮肤上，可以在孩子衣服或凉席上洒上一些。

2）应急措施

一旦有蚊虫叮咬，不要让孩子用手去抓，然后在局部涂上止痒剂，常用的有硫磺炉甘石洗剂、清凉油、薄荷、风油精、花露水等，不过要注意不能直接涂抹，要稀释。

2．防痱痒

孩子出汗如果不及时清洗，从而刺激皮肤使汗腺周围组织发炎，就会引起痱子。痱子很痒，被抓挠后会出现抓痕、出血甚至继发感染，最终形成疖肿或脓肿。

1）预防计划

（1）保持室内凉爽、通风和干燥，天气炎热的时候最好不要让孩子大声哭闹，尤其是胖孩子，大量出汗会引起更多的痱子。

（2）勤洗澡，洗完澡要立即擦干。孩子的脖子、腋窝、耳后、大腿根、膝盖后以及身上有皱折的地方最易起痱子，可以把有吸汗、干燥和清凉作用的爽身粉或痱子粉在这些部位多扑一些。

（3）夏季衣服以宽松为好，男孩子可以剃光头或者小平头，女孩子头发最好在颈部以上。

（4）多食用清凉、易消化的食品，如绿豆汤、凉粉汤，也可取荷叶、淡竹叶、笔仔草、牛顿草、鬼针草等清暑利尿之草药煎水服用，清暑除湿，防治痱子。

2）应急措施

保持痱子处干燥，少出汗；让发了痱子的皮肤皱折处多透透气；也可以取鲜萝卜绞汁，涂于患处，可止痒；十滴水少许，加入温水洗浴，可使病情好转。

3. 防空调病

夏季天气炎热，开空调后可使室内温度大大降低，但与室外温度形成了巨大的反差，一冷一热很容易患上感冒，而且经常待在空调房内，也会因为空气不流通、质量差而引发其他疾病。

1）预防计划

（1）限定空调时间。即便天气很热，也不要全天开着空调，更不能直冲着孩子吹。每天带孩子外出前半个小时，最好将空调关上，打开窗户，使室内通风，让孩子先适应温差。

（2）孩子进屋前先降温。在孩子回家半个小时前打开空调，温度设定低一些，使室内迅速降温；待孩子进入室内，可将温度升高到二十七八度，这样室内外温差不会太大，避免孩子受寒。

（3）加强空调系统的管理和维护，定期检查空调器的过滤膜，并及时更换；空调器中的冷却盘要定期清洗。

（4）安装空调的房间要防止空气污染，定期开窗换气，房内最好装有负氧离子发生器，必要时也可用药物喷熏消毒。

2）应急措施

如果孩子有流鼻涕、鼻塞、咳嗽、发烧的情况，妈妈应及时给孩子用药，控制病情。孩子因突然着凉引发热感冒，最有效的方法是让孩子出汗，所以多给孩子喝水，以白开水和淡盐水为宜。

4. 防烫伤

夏天，孩子衣服穿得少，皮肤暴露在外的机会较多，加之孩子皮肤较薄且脆弱，很容易被烫伤，其中，以热液烫伤最多，热开水、热汤、热饮料泼洒所造成的烫伤占了50%以上。

1）烫伤预防计划

（1）不要让孩子在厨房和浴室玩耍，以免意外发生；厨房地板要保持干燥，以免滑倒倾翻热液烫伤自己或孩子；洗澡放水时应先放冷水再放热水，水温一般控制在40℃左右。

（2）热水瓶、热汤要放置在孩子拿不到的地方。当热汤放在餐桌上，也需注意桌布的长度，以免孩子因好奇拉扯桌布而使热汤滑落。建议餐桌以不铺桌布为宜。

（3）不要拿刚煮沸又太重的热汤、热锅，以免手滑将热液打翻，烫伤自己或孩子；当泡咖啡或泡茶时，要特别注意孩子动向，避免孩子因绊倒而弄翻茶壶、热锅或热水瓶等物；端热汤、热水时，最好先大声警告，以免孩子迎面撞来。

（4）在车内要避免喝热汤，以免打翻，造成意外；不要让孩子接触有高温蒸汽的东西，如车子刚打开的水箱盖，以免手臂、脸或胸部被烫伤。

（5）给孩子食用任何热饮前，要先确定温度后再让孩子进食。

2）烫伤后的应急措施

（1）冲：用流动水冲洗。

（2）脱：在水中小心脱去衣服，否则，衣服上的热度得不到散发而继续作用于创面，会使创面加深。

（3）泡：在冷水中持续浸泡 30 分钟，至创面无疼痛感为止，冷水中最好放少许盐，有止痛消肿作用。

（4）盖：用干净毛巾等覆盖烫伤处。

（5）送：尽快送医院。

上述处理方法不适应于大面积烧伤和化学烧伤患儿，对于严重烫伤的患儿，妈妈应争分夺秒迅速送往医院急诊室。特别需要强调的是，创面不要随便涂香油、牙膏或红汞、紫药水等，以免妨碍创面观察和诊治。

（十二）避免暑期意外伤害

1．煤气泄露

煤气使用不当，会引发非常严重的事故。对于暑假独自在家的孩子，家长更应该对煤气的安全使用加强教育。应告诉孩子，在用煤气热饭菜的时候，不要走远，更不要热上饭菜又去做别的事，因为这样容易忘了正在热的饭菜。一旦火被风吹灭或被水扑灭，漏出的煤气就会造成中毒或引起火灾。用完煤气之后，要仔细检查阀门是否关好，关好阀门之后，不要再随意开关。另外，家长要事先检查煤气管道是否严密，尤其是注意靠近炉灶的软管是否脱落。

特别提示，孩子独自在家时，一旦发现煤气泄漏，要打开门窗通风，并迅速撤到室外，千万不要在屋内使用明火或开关家用电器。

2．火灾自救

暑假期间，由于天气炎热干燥，容易引起火灾。假期开始后，家长一定要告诫孩子，独自一人在家时，千万不要玩火，不能划火柴或玩打火机。告诉孩子一旦发生火灾，千万不要惊慌，马上拨打 119 报警，然后想办法逃离出去。不要自己逞强救火。如果烟雾呛人，要用湿毛巾捂住嘴，逃离现场。需要注意的是，如果居住在高层建筑里，千万不要选择跳窗户的办法逃生，要尽量打开门逃生。如果打不开了，要在窗口挥动白色毛巾或衣物大声呼叫，等待消防人员营救。

3．游泳安全

通过对少年儿童意外事件进行对比后发现，溺水成为这些意外事件中的"头号杀手"。孩子贪玩，有时会选择河沟、鱼池游泳、玩耍，因为身边没有大人照看，加上泳技不佳、安全意识差，意外发生后，又不懂得如何自救，往往酿成悲剧。所以，孩子游泳时，一定要有家长陪同。不会游泳的孩子不能独自下水，会游泳的同学也不能因为逞能而去深水区，以免发生危险。不能去非正规的游泳池，这些地方没有完善的保护设备，也没有救生员。因此，暑假期间游泳一定要在成人的陪同下到正规的游泳池游泳，无论水性好坏都要慎防溺水。

（十三）多喝姜汤对付"空调病"

适量喝姜汤不仅能预防"空调病"，而且对因吹空调受凉引起的一些症状也有很好的治疗作用。由于吹空调而引发的疾病症状主要有以下三种：

（1）腹痛胃痛。夏季，很多人晚上睡觉喜欢开着空调，早晨起床时常会感到胃部和腹部疼痛，有时还会伴有大便溏泄的症状。这个时候喝一些姜汤，能驱散脾胃中的寒气，效果非常好。

（2）四肢酸痛。空调房里待久了，四肢关节和腰部最容易受风寒的侵袭，导致酸痛。这个时候可以煮一些浓浓的热姜汤，用毛巾浸水热敷患处。如果症状严重，可以先内服一些姜汤，同时外用热姜汤洗手或者泡脚，这样不仅能达到散风趋寒、舒筋活血的作用，还能最大程度地缓解疼痛。

（3）伤风感冒。外面酷暑难耐，室内凉风习习，导致室内外温差过大，很容易引起风寒感冒，会出现头疼、发热、鼻塞、流涕，咳嗽等症状，热姜汤能很好地缓解这些症状。

（十四）煤气的安全使用

煤气，与绝大多数居民的日常生活紧密相连，安全使用煤气也是千家万户共同关心的问题。在炎热的夏季，更应注意煤气的安全使用。

在使用煤气钢瓶时，应注意要在钢瓶的检验期限内使用，并且钢瓶附有检验合格标；钢瓶应直立放置于通风良好且避免日晒的场所，并免受猛烈震动；不可将钢瓶放倒使用；不可在钢瓶上放置物品，以免引燃。此外，家用煤气热水器应安装在室外通风良好的地方，以免发生一氧化碳中毒。

在使用煤气的过程中，煤气火焰正常情况下呈淡蓝色，如发现火焰呈红色，即为不完全燃烧现象，有可能导致一氧化碳中毒，应立即请煤气专业人员检修、调整炉具。当怀疑煤气管（管线）有漏气时，不可用火柴或打火机点火测试，应以肥皂水检查有无泄漏。

遇到煤气泄漏时，应立即关闭煤气开关，不要开启或关闭任何电器开关，轻轻打开所有门窗并迅速逃出户外，然后打电话报警，寻求专业人员的帮助。如遇到因煤气泄漏而导致有人员一氧化碳中毒时，应迅速关闭煤气开关，打开门窗通风，为中毒者提供新鲜空气，保证中毒者呼吸畅通，并依据实际情况的需要施行人工呼吸或心肺腹压术；在煤气异味散去之前，不要开启或关闭任何电源开关，以免产生火花引起火灾。

（十五）预防流感的八大注意事项

1. 注意锻炼身体

合理安排体育锻炼，如散步、跑步、爬山、打球、练太极拳、做中华通络操等都可以增强体质，提高机体抵御病毒侵袭的能力。

2. 注意充分休息

人的休息和睡眠状况会直接影响抵抗力水平，所以任何活动都应适可而止，保持充足的睡眠，尽量不要熬夜，感到身体疲劳时要及时休息，保持精力充沛才有能力抵御外邪。

3. 注意日常饮食

合理安排饮食也可以提高自身免疫力。荤多素少、热量过高、脂肪过剩的饮食对人体非常不利，会使消化系统功能减退，身体抗病毒的能力下降，让流感病毒乘虚而入，所以要合理安排饮食，均衡地搭配蛋白质、糖分、脂肪、矿物质、维生素等各种有助于增强体质的营养素，还可以多补充一些富含维生素C的食物，因为维生素C有助于提高免疫力。饮食一定要规律，不可暴饮暴食。另外，还要注意多饮水，因为上火后更容易招致病毒侵袭。

4. 注意防寒保暖

冷暖交替比较频繁的时候，人体由于无法适应剧烈的冷暖变化，抵抗力就会下降，易受到流感病毒的侵袭，因此人们需要根据气温的变化适时增减衣服。早春季节

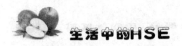

早晚比较寒冷，更要特别注意保暖，如早晨穿棉背心，夜间睡眠时换厚被等，睡眠时室内温度在18℃～22℃为宜。另外，阳光既有助于室内保暖，又有利于杀菌消毒，应充分利用，保证室内接受日光充分照射。

5. 注意个人卫生

个人卫生在预防流感的过程中也起着关键的作用。流感病毒很容易通过手部接触表面沾有病毒的物品后再接触口、鼻而感染。专家称约一半的流感发病就是通过手部接触患病的，所以勤洗手、保持手部的卫生十分重要，平时还应尽量避免用手接触眼睛、口、鼻等。另外，洗手时不要简单地在水龙头下面冲一冲，而要用肥皂认真清洗，时间也要尽可能长一些。外出时注意佩戴口罩，对病毒传染有一定的阻隔作用。

6. 注意空气流通

流感病毒是通过空气传播的病毒，尤其在密闭的环境中更容易传播，所以要经常开窗通风，注意保持室内空气流通，从而降低房间内病毒的浓度，减少人与病毒接触的机会。平时活动的场所尽量选择露天或是空气流通的地方，少去人多的公共场合。在露天或是空气流通的地方，即使周围有流感病人，空气中的病毒也会随风飘散，阳光中的紫外线也有杀灭病毒的作用。密闭的环境中病毒更容易传播，所以流感流行期间应尽量少乘坐飞机、空调火车或是空调大巴，少去有中央空调的大酒店或大商场，少去人多拥挤的地方。

7. 注意预防性用药

在流感流行期间预防性用药能减少流感的发病机会。中药如莲花清瘟胶囊，该药具有广谱抗病毒和抗菌消炎的作用，还有一个最大的特点是能增强人体免疫机能，可明显提高人体细胞免疫功能和体液免疫功能，是预防流感的首选中成药。

8. 注意接种流感疫苗

在重点人群中形成免疫屏障是防治甲流的有效措施之一。专家建议，年老、体弱、慢性病患者、医务人员、6个月～3岁的儿童每年都应该接种。接种疫苗后需要大约两个星期的时间，身体才会产生抗体，才可以起到预防流感病毒感染的作用。值得注意的是，流感疫苗并不是接种一次就可以一劳永逸，而是每年都需要接种，因为疫苗配方是在对当年流行病毒毒株预测的基础上制成的，而流感病毒毒株几乎每年都会发生变异。

（十六）生活中如何防范食物中毒

（1）不购买无照经营（非食品厂家）、个体商贩自宰自制的食品。

（2）购买食品时要查验食品的"生产日期""有效期""保质期"等食品安全标识。坚决不买、不用过期、伪劣、假冒（如勾兑假酒等）食品；最好购买有"QS"认证标识的食品。

（3）不吃变形、变味、变色和包装破损或有异常的食品（如胀罐），因为这种食品可能发生腐败变质。

（4）冰箱保存食品要严格分类分区，不能冷热混放，如生鲜食品（肉、海鲜等）应存放在冷冻室；加工食品不吃时要放在冰箱冷藏室，并严格遵守保存时间限制。

（5）粮谷类及油脂要存放在通风、干燥、避光的地方，做好防霉、防虫、防鼠工作。

（6）便后、饭前、加工食物前要洗手。

（7）防止生、熟食品之间交叉加工，案具、刀具不能混用，这对预防寄生虫病（如肝吸虫）很重要；饮用清洁水，不喝生水。

（8）外出就餐要注意就餐环境卫生、餐具清洁度；不吃装盒超过 2 小时的盒饭。

（9）不吃不熟的青豆角、鲜黄花菜；不吃发芽的土豆、野生蘑菇、霉变粮谷和蛋壳破裂有异味的鸡蛋。

第三节　质量安全热门话题

一、手机

（一）手机液晶屏检测存在的困难

手机液晶屏检测存在两方面的困难：一方面，国家标准对屏幕的色彩、亮度等都有明确规定，但对于屏幕的硬度和材质是没有标准的；另一方面，在检测上也有难度，一旦屏幕损坏，只能对屏幕的碎片进行鉴定，得出的结果不一定十分准确。

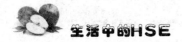

（二）主板受潮是怎么引起的，为何成为维权难点

手机在使用过程中的确存在受潮的可能：首先，冷暖温度突变容易引起凝露。经常在高温差环境中进出，手机就容易出现"进液"。其次，下雨天，放入口袋的手机也会不小心被雨水侵蚀。虽然表面容易吹干，但水渍可能已经渗入手机内部，时间长了就会产生霉变。手机受潮同样也可能是由于销售商存储不当造成的。

作为高科技电子产品，手机受潮难定责任，受潮发生在使用前还是使用后，是商家的责任还是消费者使用不当，都难以确定，而且现行的"三包规定"里对此也未涉及。因此，对于消费者而言，在使用手机时，务必要注意使用环境，减少在高温、高湿的环境下使用手机，尽可能避免手机进水；而一旦碰到厂家判定"主板受潮"，消费者也可以要求其提供证据（主板上的霉点），防止不法维修商以"主板受潮"为由推卸"三包"责任。

（三）为什么手机会出现合格率和投诉率的"双高"

手机拿到进网许可后，并不是不在监督范围内了。质量技术监督部门也曾多次对手机进行监督抽查，但每次抽检的合格率都是100％。那为什么手机质量投诉率这么高呢？这在一定程度上与检测方法有关，抽检的手机均是新机，各项技术指标都符合国家标准，但消费者所反映的主要质量问题，如自动关机、死机，又如手机在实际使用过程中的待机时间短等，这些问题必须在使用一段时间后才能发现。一方面鉴于手机抽检的时间要求，另一方面鉴于抽样手机需要还样，购买样机进行检测的成本较高，目前对手机的抽检还无法做到长时间的跟踪使用检测，这在某种程度上造成了手机合格率高但投诉率也高的悖论现象。

（四）什么是"贴牌手机"

A厂商手中有手机生产牌照，然后出租给B厂商；B厂商租来牌照后，拥有一条组装线就可以生产手机，从主要模板到设计都是买来的，这样一来其生产周期和成本的优势都是那些自主研发、自主生产的厂商没法比的。但这种贴牌手机在质量控制上却存在很大的漏洞，尤其是在手机出现质量问题后，售后维修问题相当突出。贴牌生产会造成"品牌、生产两张皮"，有些厂商除了牌照外根本没有研发、售后服务能力，而有些厂商则只管生产，他们往往只顾成本而不关心品质、品牌声誉、售后服务，追求的仅是手机的销售量和短期暴利，品质自然难以保证。

二、汽车

（一）新车表面油漆有补过的痕迹，是否能通过检测来判定其是否为翻新车

是否翻新车可以通过对其整车油漆的油漆厚度进行对比，即对比相同部位的油漆厚度来进行检测。

（二）消费者认为发动机声音大，而厂方往往认为是正常范围，对此是否有相关标准

国家对车辆加速噪声及车内噪声均有标准，但发动机噪声无标准。建议参考车内噪声标准，间接评价发动机噪声，也可以拿相同车辆用相同的测试方法进行比对测试，以判定车辆的发动机噪声是否异常。

（三）汽车在正常行驶过程中有抖动现象，而厂方往往认为是正常的，双方争论不休，对此问题，专家有何建议

首先，应确定是什么原因引起的抖动。大多数情况下，抖动是车辆及发动机故障的表现，需及时检查、排除车辆存在的问题。其次，若经检查仍认为正常，但实际仍存在抖动的安全隐患，建议去相关部门进行检测确认。

（四）车内空调制冷效果不佳，对此能否进行检测

车内空调制冷效果不佳时，可以对车内规定部位进行温度检测，但需要对照企业相关技术标准、参数和试验方法进行判定。

三、热水器

（一）目前国家对于燃气热水器的安装有无特殊规定

对于燃气热水器的安装，目前有一个行业规定标准：CJJ94—2009《城镇燃气室内工程施工与质量验收规范》第6.2.3条规定，燃气热水器和采暖炉的安装应符合下列要求：

（1）应按照产品说明书的要求进行安装，并应符合设计文件的要求。

（2）热水器和采暖炉应安装牢固，无倾斜。

（3）支架的接触应均匀平稳，便于操作。

（4）与室内燃气管道和冷热水管道的链接必须正确，并应连接牢固、不易脱落；燃气管道的阀门、冷热水管道阀门应便于操作。

（5）排烟装置应与室外相通，烟道应有1‰坡向燃具的坡度，并应有防倒风装置。

此外，对于上海市销售的燃气热水器的安装，上海市还另有要求，2008年3月1日起施行的《上海市燃气管理条例》第三十六条规定：从事燃气器具安装维修的，应当取得燃气器具安装维修许可证。上海市行业内规定，燃气热水器的安装，应当由燃气热水器生产企业专业工作人员上门安装。

（二）燃气热水水温忽热忽冷、水流量忽大忽小的原因

对于水温忽热忽冷，主要有以下两点原因：

（1）燃气器具本身可能无稳压装置，燃气压力波动较大。对此，上海市现在生产的燃气热水器已经规定，必须安装燃气稳压装置。所以可能是一部分老式的或非正规渠道购买的产品存在水温忽热忽冷的问题。

（2）水压的波动也会造成水温忽热忽冷，而这与热水器本身无关。建议消费者限购恒温性热水器。水流量忽大忽小可能是水压的波动造成的，与热水器质量无关。

（三）燃气热水器在使用中突然熄火的原因

造成燃气热水器突然熄火的原因有以下几种：

（1）气候变化，器具处于不正常燃烧临界，导致感应针处有少量冷凝水出现，引起感应针信号变化（熄火保护装置），这时需要重新开启后才恢复正常。

（2）其他安全装置出现问题，需要由专业人员查看。

（3）燃气压力或水压突然变低也可能导致热水器在使用过程中熄火重启。

（4）对于热水器内胆质量问题，有些厂家采用"以换代修"方式更换内胆，那么内胆的保修期是否应该从内胆更换之日起重新计算。

燃气热水器"三包"遵循《部分商品修理更换退货责任规定》第十一条规定："在三包有效期内，修理两次，仍不能正常使用的产品，凭修理者提供的修理记录和证明，

由销售者负责为消费者免费调换同型号同规格产品"；第十四条规定："换货后的三包有效期自换货之日起重新计算"。厂家虽然选择"以换代修"的维修方式，但仍要遵循以上规定。在"三包"有效期内，如更换两次内胆，仍不能正常使用的产品，消费者有权要求换货。换货后的"三包"有效期自换货之日起重新计算。

四、空调

（一）消费者选购空调的注意事项

（1）选购空调的功率大小，需要与房间面积匹配，如果考虑到房间密封性和天气因素，可以适当考虑选购一个功率稍大的。

（2）尽可能到大型商场和家电连锁店，选择信誉好的大品牌的产品。

（3）注意空调应该具备的标识是否都具备，比如"CCC"强制性认证标志和能效标识；

（4）购买空调后，不仅要开发票，而且要写明品牌、型号、功率等。

（5）注意保留文字性的宣传广告单，一旦遇到质量争议，广告单可以作为举证之用，成为合同的组成部分。

（6）安装空调时，消费者要做的就是对照随机的"安装说明书"，保证安装工人按程序操作，并将说明书所列的附件全部安装完全。

（二）换季停用期间的空调保养

在换季停用前，消费者可以采取以下措施对空调进行保养：将空调调至"吹风"档，吹风1～2个小时，目的是将空调内凝露水吹干，以免吸灰，滋生细菌；拔掉电源插头，一方面节约待机消耗电能，另一方面也是保护机器，防止电压意外变化对空调的损坏；给内机罩上套子，条件允许的话，外机也罩个套子，可以防尘。

（三）空调更换外机时内机是否要一并更换

从技术角度看，同品牌同型号的空调内机和外机并不是一一对应的，如果是外机不能正常运转，只换外机不换内机，同样能够达到空调应有的性能。也就是说，可以只更换外机，不更换内机，但这么做的前提是征得消费者的认可和同意。从《部分商品修理更换退货责任规定》看，第十条"……换货时，销售者应当免费为消费者调换同型号同规格的产品"，而空调内机和外机是作为一个整体进行销售的产品，消费者有权利要求对整机进行更换，而不仅是外机。

五、冰箱

（一）冰箱冷藏室结冰是否正常

冰箱冷藏室若有结冰现象则为不正常。标准规定，冷藏室是用以储藏而不需要冻结食品的间室，其温度应保持在0℃以上。出现结冰现象可查流水孔是否堵塞，使用过程中应保持出水孔和密封条的清洁干净。

（二）"无霜"冰箱冷冻室结霜是否质量问题

无霜冰箱是指冰箱中所有间室均为自动化霜和具有自动处理化霜水装置，并至少有一个间室由一无霜系统来制冷。无霜系统规定系统自动工作，以防止在所有制冷表面上形成持久性霜层，而不是保证箱体内不结霜，如果冷藏室结霜并形成持久性霜层，则为质量问题。

（三）触碰冰箱表面麻手是否漏电，安装冰箱是否需要稳压器和接地线

冰箱表面有麻手的感觉可能是冰箱接地存在问题，接地电阻过大或可能泄漏电流过大。如冰箱为Ⅰ类器具需要接地，以防触电危险。一般不用另外配置稳压器。

六、家具

（一）国家对沙发填充物及皮质的标准，沙发异味监测

沙发异味主要来源于两个方面：一是沙发的填充物泡沫和海绵的黏合使用的是脲醛胶，这种胶水会散发异味；二是硝皮工艺造成沙发皮质本身散发出的异味。由于沙发异味没有一个量化指标，因此无法进行检测。

（二）家具甲醛的检测方法以及苯等有害气体的检测标准

甲醛主要是从制造家具的人造板、细木工板等黏合剂中散发出来的。目前对家具中苯等有害气体尚不能检测，苯属芳香烃类化合物，通常作为溶剂和黏合剂，用于造漆、喷漆、家具制造业等。苯对人体极其有害，容易致癌，且挥发性强，但只存在

于家具的油漆中，油漆干后，对人体几乎没什么危害。

（三）家具通常检测的指标以及容易产生虫蛀的材质

家具检测三大指标：一是漆膜性能，主要是关于油漆的多个检测指标；二是力学性能，主要是家具的稳定性、抗强度、寿命、疲劳性试验等；三是外观，主要是外观的工艺、结构、涂色效果等。大多数实木家具容易出现虫蛀。

七、节能

（一）能源效率等级如何标识

家用空调、冰箱等家电产品一般分为1、2、3、4、5五个等级。以电器为例，1级为节电最佳，5级则耗电最多，5级标准以下的电器则不得上柜销售。但是，与冰箱、空调等家电采用的5级能效标准不同，燃气热水器、计算机显示器、复印机3种产品的能效标识分为三个等级，1级最为节能，能效率最高，3级则耗能最多。

（二）用节能灯代替白炽灯，能省多少电

节能灯比白炽灯节电70%～80%；寿命长达8000～10000小时，是白炽灯的8～10倍；有多种光色可选择，替换也方便。

（三）家用电器的待机能耗大吗？如何正确停机

许多家用电器设备停机时，其遥控开关、持续数字显示、唤醒等功能电路会保持通电，形成待机能耗，这约占家庭用量的10%，如同昼夜常开一盏15～30瓦的灯。因此，除了选购待机能耗低的电器外，电器不使用时要切断电源，或配置家用电器待机能耗节电器。

八、地板

（一）地板安装、铺设前应当了解、知晓的情况

（1）了解行情。不要单纯以价格的高低来作为选择的标准，要重品牌、重质量。

（2）索要发票。要求在发票上标明地板的规格、等级、树种等。最好向商家借一

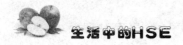

块自己中意的地板样品，以便货送上门时进行比对验收。

（3）签订合同。将地板的质量指标、铺设方法、验收条款、保修期限、违约责任等内容以文字形式确定下来。

（4）货到验收。注意包装上的各项质量指标（批号、等级、产品系列色号等）是否与发票上一致。拆装后，仔细检查是否与选购时的要求一致，绝不能模棱两可，防止厂家以次充好，蒙混过关。

（5）确定公益。对地板的处理要求，如是否有必要做防水层；平整度是否达标；地板的走向、衔接部位及铺设后的验收标准等要做到心中有数。

（6）保存证据。装修完工后，最好能保留一两块剩余的地板，以便出现质量问题时作为检测的依据和凭证。

（二）地板铺设后出现响声的责任区分与国家标准规定

造成地板铺设后出现响声的原因有两种，一种是地板本身存在质量问题，另一种是安装技术不过关。

质量原因：近年来，随着市场监督抽查力度的加大，生产企业一般不会在地板表层面积上做文章，但有些厂家会在地板的其他部位打主意（目前市场上一些不合格产品多数是因为短斤缺两造成的）。国家标准 GB/T15036.2－2009 规定，地板的榫舌宽度应≥4 mm，槽最大高度与榫最大厚度之差应为 0～0.4 mm，这是避免地板出现响声的关键指标，而有些地板生产厂商为了谋取更多利益，在生产过程中偷工减料，将榫舌宽度故意做短，造成地板与地板之间的嵌合尺寸不够长，导致铺设后的地板出现响声。

安装原因：主要反映在龙骨与地面的紧固度不够，针对这种情况，减少响声最好的办法是龙骨与地面紧固螺丝的间距为 300～350 mm，而龙骨间的距离应根据地板的长度和厚度予以合理安排（以不大于 400 mm 为宜）

（三）地板出现变形、响声、表面开裂等现象的检测或鉴定以及费用

如果消费者有未拆包的剩余地板，检测手续较简单，费用也较低；如果无剩余地板，则需组织专家上门鉴定，费用较高。

第四部分　绿色社区篇

第一节　绿色社区的概念

　　绿色社区是指具备了一定的符合环保要求的硬件设施、建立了较完善的环境管理体系和公众参与机制的社区。绿色社区的涵义就硬件而言包括绿色建筑、社区绿化、垃圾分类、污水处理、节水、节能和新能源等设施。绿色社区的软件建设包括一个由政府各有关部门、民间环保组织、居委会和物业公司组成的联席会；一支起骨干作用的绿色志愿者大队；一系列持续性的环保活动；一定比例的绿色家庭。

　　在现阶段，绿色社区可以概括为：创建绿色社区具体要做到"六个一"，即：建立一个由政府各部门和社会各界参与的联席会；一个垃圾分类清运系统；一块有一定面积和较高水平的绿地；一支起先锋骨干作用的绿色志愿者队伍；一个普及环保科学知识的宣传阵地；一定数量的绿色文明家庭。

第二节　绿色社区的建设

一、环境教育

（一）公民环保行为规范

| 环境保护 | 公众参与 | 绿色社区 | 你我共建 | 城乡环境 | 共同发展 |
| 垃圾分类 | 回收再用 | 保护自然 | 万物共存 | 碧水蓝天 | 你我共享 |

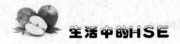

社会和谐 身心健康	保护环境 功在当代	创模工作 人人受益
环境教育 从小抓起	节约资源 减少污染	地球资源 永续利用
绿色消费 倡导文明	花草遍地 绿色人生	生态平衡 持续发展
造福子孙 利在千秋		

（二）生活垃圾分类

生活垃圾一般可分为四大类：可回收垃圾、厨房垃圾、有害垃圾和其他垃圾。可回收垃圾包括纸类、金属类等，回收可减少污染，节约资源；厨房垃圾包括剩饭、骨头、菜叶等废物，经处理后可生产有机肥；有害垃圾包括含汞电池、废日光灯管、过期药品等，需进行安全处理；其他垃圾包含砖瓦陶瓷、渣土、卫生间废纸等难以回收的废弃物，需要焚烧和卫生填埋的方式处理。

二、环境应急处理

（一）雾霾

雾霾是由空气中细小颗粒物引起的，即 PM2.5，主要是工厂的废气、汽车尾气等形成的。雾霾中的细小颗粒一般很难预防。随着雾霾越来越严重，雾霾天气成了呼吸道疾病和心血管疾病患者的"健康杀手"，预防已刻不容缓。那么雾霾如何预防呢？下面就给大家介绍几种预防雾霾的小方法。

1. 减少外出

雾霾天气很严重的时候，最好不要外出，尤其是老人和小孩，以减少 PM2.5 颗粒的吸入。有呼吸道疾病的患者坚决不能外出，喜欢晨练的朋友在雾霾爆发的时候也不要外出锻炼。

2. 戴口罩

外出的时候要戴上口罩，这样可以有效防止粉尘颗粒进入体内。口罩选择以棉质为最好，易清洗。

3. 少开门窗

少开门窗，或选择太阳出来的时候再打开，有助于减少雾霾的进入。

4. 饮食清淡多喝水

饮食宜选择清淡易消化且富含维生素的食物，可以多吃银耳、雪梨等润肺的食物，也可以使人体保持湿润，津液充足，在较浅的呼吸道和消化道阻挡颗粒物质。多喝白开水也有同样的效果。

5. 多吃水果补充维生素

多吃新鲜水果，可以补充各种维生素，尤其在雾霾爆发的时候，多吃梨能够润肺除燥、祛痰止咳，保护呼吸道。

6. 安装净化设备

有条件的话可以在家里安装空气净化装置，市场上大多数空气净化器都能净化空气中的污染物，尤其对 PM2.5 的吸附能力很好。要注意的是，空气净化器要经常更换过滤网，防止二次污染。

7. 做好个人卫生，多种绿色植物

外出时，脸部和鼻腔沾染了大量空气中的污染物颗粒，所以回家后要及时清洗自己的脸部和鼻腔。

（二）异味

1. 植物消除法

植物不仅能够美化环境而且是去除室内异味污染的"专家"。吊兰、芦荟、虎尾兰能够大量吸收甲醛等污染物质，消除并防止新家具造成的空气污染；茉莉、丁香、金银花、牵牛花等花卉分泌出来的杀菌素能够杀死空气中的某些细菌，能抑制结核、痢疾病原体和伤寒病菌的生长，使室内空气清洁卫生。大多数植物白天进行光合作用，吸收二氧化碳，释放氧气；夜间进行呼吸作用，吸收氧气，释放二氧化碳。

2. 吸附法

新粉刷的墙壁或新购置的家具有一股浓烈的油漆味，要去除漆味，只需在室内放两盆冷盐水，一至两天漆味便可去除，也可将洋葱浸泡在水盆中，同样可以去除异味。

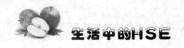
3. 水果除味

在新买家具内放几个菠萝，亦可在房间里多放一些，能去除异味。因为菠萝是粗纤维类水果，既可吸收油漆味又能散发菠萝的清香，加快清除异味的速度。

在房间里摆放橘皮、柠檬皮等，也是一种很有效的去味方法，不过见效较慢。

4. 清洁剂去味

可以去市场挑选一些高科技的去味清洁剂，它能去除新装修的房屋、新家具等散发出的有害气体。用法：在新装修的房间中，把倒入去味清洁剂的盘子分别放在不同的房间，再结合擦洗法，连续几天后就可有效去除难闻气味。

（三）水污染

水污染主要是由人类活动产生的污染物造成的，它包括矿山污染源、工业污染源、农业污染源和生活污染源四大部分。日趋加剧的水污染，已对人类的生存安全构成重大威胁，成为人类健康、经济和社会可持续发展的重大障碍。据世界权威机构调查，在发展中国家，各类疾病有80%是因为饮用了不卫生的水而导致的，每年因饮用不卫生水至少造成全球2000万人死亡，因此，水污染被称作"世界头号杀手"。对于水污染，广大居民应该如何做呢？

我们可以通过以下措施来应对日益严重的水污染：

1. 加强公民的环保意识

改善环境不仅要对其进行治理，还需要通过各种宣传来增强居民的环保意识。居民的环保意识增强了，破坏环境的水污染行为就自然减少了。

2. 家用水的净化

净化过程：过滤——沉淀（明矾）——用活性炭除异味；去颜色——消毒（氯气、漂白粉）。因为在自来水管传递过程中有可能出现二次污染，所以饮用时要煮沸杀菌。有条件的家庭可以安装家用健康饮水机。

强化青少年保护水资源意识。牢记"教育要从娃娃抓起"，加强对青少年保护水资源的教育，观看教育片，参加相关的宣传活动，让中国未来的每一朵花都有节约水的好品德，自觉保护水资源。

三、环境保护行动

（一）绿色消费

绿色消费是指消费者对绿色产品的需求、购买和消费活动，是一种具有生态意识、高层次的理性消费行为，主要表现为崇尚勤俭节约，减少浪费，选择高效、环保的产品和服务，降低消费过程中的资源消耗和污染排放；拒绝从众心理、求异心理、攀比心理等不良消费心态。

（二）窗台花园

如果您没有大花园，那就在窗前做一个迷你版的花园吧！对于多数的上海市民来说，花园太奢侈，但每个人心底的花园梦总会不时地冒出芽来。在春暖花开的季节，利用自家的窗台动手建一个小花园，连通居室与自然。

（1）选择最适合当地气候条件的花草，可以多观察本地品种，选择一些生命力顽强的花草。天竺葵和矮牵牛是最知名的阳台花王，而太阳花是最热烈的阳光公主，几乎不需要特殊照料就可以生生不息。

（2）窗台园艺的立体感很重要，常春藤、铁线莲、茑萝、牵牛等轻型藤木可以随意缠绕，很适合窗台种植；盆栽的凌霄、紫藤、使君子等木质藤木略微重些，但只要注意控制其生长速度，并加以适当引导，也可以种在窗台。

（3）想要打造欧洲窗台倾泻而下的花瀑，不能一蹴而就，需要精心的照料，有技巧的修剪。对于悬垂型的花草，在花芽形成之前就需要不断摘心，促进新枝生长和更多花芽的萌发。在开花之前适当追施一些以氮肥为主的复合肥料，注意要薄肥多施，到花开之时停止。

（4）DIY铁艺花架。对多数城市家庭来说，要做成欧洲常见的美轮美奂的窗台花园，主客观条件都有难度，可以根据自家的情况，购买花架和配套的花盆，放入现成的盆花即可。

（5）浇水。在给窗台上的花儿浇水时需要特别注意量的把握，既要完全渗透，又

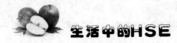

不能滴水影响楼下住户。如果使用铁艺花槽，可以在盆栽下放托盘。

（6）花肥。由于地方狭小，且靠近起居室，所以窗台花园并不适合像地面的花园那样自己动手堆肥、沤肥，以免产生异味。超市专用的花肥就很方便，且清洁卫生，对促进植物生长也很有效果。

（7）花器的选择。可用于窗台花园的花器要轻质、坚固、耐风吹雨淋。壁挂盆、吊盆、花槽、花盆等在很多超市或家居花园中心即可买到。

（三）立体绿化

1. 屋顶花园

屋顶花园不但降温隔热效果优良，而且能美化环境、净化空气、改善局部小气候，还能丰富城市的俯视景观，增添建筑物占用的绿化地面，大大提高了城市的绿化覆盖率。

2. 沿口绿化

沿口绿化可以用最小量的占地面积，发挥出最大的竖向绿化覆盖效果，能缓解疲劳，在办公室、校园等场所运用广泛。

3. 高架绿化

一般选取抗污染、吸收有害气体显著的植物进行高架绿化种植，在美化环境的同时，为周边市民提供一个绿色屏障。

4. 棚架绿化

棚架绿化不但可以起到点景的作用，也可以为车棚提供很好的遮阳环境，这在夏天是很有必要的。

5. 阳台绿化

阳台绿化是每个人最触手可及的一种绿化方式，占地面积小，自由选择性大，不但可以提升空间品质，还可以有效净化房屋内的空气，改善生活品质。

6. 与我们息息相关的植物

植物是空气污染的克星，是"绿色吸尘器"，特别是对于室内空间，植物不仅可以增加感官体验，更可以净化空气。

在绿化较好的环境中工作，无论是工作效率还是舒适度、愉悦度都会大大提升。另外，立体绿化还可以降低建筑物外表温度，节约用电，促进节能减排。

（四）有效抗雾霾的植物先锋

在被雾霾笼罩的环境下，除了必要的外出，多数人都选择"宅"在家里，但室内空气在室外雾霾的污染下，也会进入一定的PM2.5颗粒。如何净化室内环境呢？下面就给大家介绍八种适宜室内栽种的植物，改善你的生活小环境。

1. 君子兰

成年的君子兰在弱光下也能发生光合作用，吸收室内的烟雾。在室内放置两三盆君子兰，即便室门紧闭，在君子兰的调节下，也能保持空气清新。

2. 绿萝

这种植物原产于墨西哥高原，之所以被称为"高效空气净化器"，是由于它能同时净化空气中的苯、三氯乙烯和甲醛，因此非常适合摆放在新装修好的居室中。

3. 滴水观音

滴水观音作为非常普遍的家养绿色盆栽，可谓是PM2.5的克星，它能有效清除空气中大量的尘埃。但需要注意的是，滴水观音茎内的汁液有毒，尽量将其放置在孩子碰触不到的地方。

4. 文竹

文竹享有"消灭细菌和病毒的保护伞"之说，它的芳香具有消除空气中细菌和病毒的作用，同时又具有保健功能，可谓一举两得。

5. 橡皮树

对付空气中的一氧化碳、二氧化碳、氟化氢等有害气体以及颗粒物污染，橡皮树是个中高手，而且它的滞尘能力也比较强。

6. 吊兰

吊兰生长不择土壤，对光线要求不严，有极强的吸收有害气体的功能，有"绿色净化器"之美称。在一间8～10平方米的房间内，一盆吊兰就相当于一台空气净化器，能不断吸收有害气体且24小时释放氧气，非常环保。

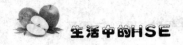

7．芦荟

芦荟除了众所周知的养颜美白功效外，还被誉为"空气净化专家"，因为芦荟具有吸收异味的作用，而且作用时间较长。一盆芦荟的呼吸量相当于九台家用生物空气清洁器的换气量，实为强悍。

8．发财树、常春藤

如果家有烟民，那么在其卧室或客厅摆放一盆发财树，既能有效吸收烟草燃烧产生的烟雾，还能释放氧气。常春藤也能有效抑制尼古丁中的致癌物质，通过叶片上的微小气孔，吸收有害物质，并将之转化为无害的糖分与氨基酸。

（五）爱护绿化

种植前需要平整土地，锄草、清理砖石瓦砾，若土质太差，可适当考虑添加基质，以保证树木的正常生长。选择树种时，一定要选择健壮、无病虫害苗木，同时也要考虑树木的抗污性、防毒性等性能，以及是否适应土壤性质。树坑要挖大，直径比树苗的根幅大 1/3，并应清除坑内的煤渣碎石等杂物，以利于树木扎根生长。栽种时要注意株间、行距，且必须笔直对称。正确的植树方式：树穴上下大小一致；树木根系舒展，深浅适当，保证树木正常生长。

（六）生活垃圾变身堆肥

厨余垃圾占生活垃圾约 1/3，以掩埋方式处理，容易产生恶臭；若以焚化方式处理，又因其水量高、热值低，增加了戴奥辛产生的可能性。（戴奥辛是一类持久性污染物质，毒性极强，微量的暴露及吸入，就会对人体产生严重的健康损害或致命的危险。）厨余较好的利用方式便是将之制成有机堆肥，用来栽培花草、植物，改善家庭环境。

1．堆肥制作

（1）寻找一塑胶桶，底部垫高（或铺上网子）并打洞，制成简易的有机堆肥桶（文章的最后有介绍堆肥桶的制作方法）。

（2）在桶底铺上 6、7 公分的土。

（3）将果皮、菜渣、剩饭等厨余，尽可能加工成 3～5 厘米大小的堆块，沥干后平铺在桶里。

（4）在厨余上方铺土并压实，以避免臭味溢出。

（5）盖上桶盖并用重物将盖子压紧，隔绝空气（因生化菌类为厌氧性）及蚊蝇，并将生堆肥桶置于阴暗处。

（6）桶底的水龙头平时应关闭。约3～5天后，将桶底水龙头打开，排出桶底累积的水，加水稀释为20～50倍后浇灌灌木。这些液体肥料因含有大量菌种，又是最佳的清道夫，可以清洁马桶和水管，但需在倒入排水孔或马桶后30分钟才冲水，方能有效分解脏污物。

（7）每隔3天，排去桶底累积水一次，避免生虫。

（8）最后在最上层铺一层约7、8公分的土。

（9）大约3～6个月后，这些厨余就变成黑褐色的有机肥料了。以1（有机肥料）：5（土壤）的比例混合，便可让你心爱的植物长得更加茂盛、美丽。

2. 可以用来制作堆肥的材料

水果皮和芯子、蔬菜下脚料、烂水果和蔬菜、粉碎了的报纸、广告和纸板、用过的纸巾、修剪花园的嫩树枝、树叶、咖啡渣和茶叶渣、鸡蛋壳、凋谢的鲜花、过期的茶叶、香料、果酱甚至吸尘器尘等都可用来制作堆肥。

3. 堆肥桶

自制堆肥桶：准备一个塑料桶、一个水嘴、一个塑料篮子。在塑料桶距底部5cm处钻一个洞，洞眼大小适合水嘴的安装。从桶内将水嘴的螺丝拧紧，防止漏水。将塑料篮子放入桶内塞紧，篮子底距桶底大约有6cm高的贮水空间，侧面看塑料篮子的位置，试水无渗漏即可。因塑料桶的盖没有专业厨余发酵桶那么密封严实，所以使用时应在桶盖上压重物以提高密封性。

四、环境保护宣传

（一）环境保护日

1. 世界地球日

1970年4月22日，由美国斯坦福大学D. 海斯倡议，在全美国掀起了声势浩

大的群众性环境保护运动。这是人类有史以来第一次大规模的以保护地球为宗旨的群众运动，美国民间组织将4月22日定为"地球日"。1990年，由世界知名人士、环保专家、环保组织组成了"地球日"协调委员会。从此，4月22日被定为"世界地球日"。

2. 世界环境日

世界环境日是为纪念第一次人类环境会议、提醒全世界注意全球环境状况和人类活动对环境的危害而设立的纪念日。在1972年举行的斯德哥尔摩联合国人类环境会议，是各国政府第一次共同研究环境问题的历史盛会，会议建议将6月5日定为"世界环境日"，并被同年举行的第27届联合国大会确认。

3. 世界水日

1993年1月18日，第47届联合国大会做出决定：从1993年开始，每年的3月22日为"世界水日"。这标志着水的问题日益为世界各国所重视。"世界水日"的确定，旨在使全世界都来关心并解决这一问题。在这一天，各国根据自己的国情，就水资源保护与开发，采用各种形式，分不同层次，开展各项活动，以提高公众水意识。人类的一切社会和经济活动都极大地依赖于水资源的开发、利用和保护。确立"世界水日"，既总结了历史的经验，也体现了对今后的展望。纪念"世界水日"是为了唤醒世人都来关心水、爱惜水、保护水。

4. 国际保护臭氧层日

1995年1月23日，联合国大会通过决议，确定从1995年开始，每年的9月16日为"世界保护臭氧层日"。臭氧层破坏是人类当前面临的全球性环境问题之一，自20世纪70年代以来就开始受到世界各国的关注。联合国环境规划署自1976年起陆续召开了各种国际会议，通过一系列保护臭氧层的决议。尤其是1985年发现了在南极周围臭氧层明显变薄之后，国际上保护臭氧层以及保护人类子孙后代的呼声更加高涨。

5. 世界林业节(世界森林日)

第67届联合国大会于2012年12月21日通过决议，确定每年3月21日为"世界森林日",号召世界各国从2013年开始举办纪念活动。联合国大会做出"世界森林日"决议,目的是要唤起世界各国更加重视保护和发展森林资源,推进全球性植树运动,积极维护生态安全,共同应对气候变化。

6. 世界气象日

世界气象日(World Meteorological Day),又称"国际气象日",是世界气象组织成立的纪念日,时间为每年的3月23日。世界气象组织为了纪念世界气象组织的成立和《国际气象组织公约》生效日(1950年3月23日)设立了"世界气象日"。每年的"世界气象日"都确定一个主题,要求各国成员在这一天举行庆祝活动,并广泛宣传气象工作的重要作用。

7. 植树节

植树节是一些国家以法律规定宣传保护树木,并动员群众参加以植树造林为活动内容的节日,按时间长短可分为植树日、植树周或植树月,总称国际植树节。通过这种活动,激发人们爱林、造林的热情。中国的植树节由林学家凌道扬等创议设立,最初确定于4月5日清明节,孙中山先生逝世后改为3月12日。

(二)公益环保宣传口号

树立道德新风	弘扬时代正气	送出一份爱心	收获明媚阳光
汇小流成大海	积小善成大德	树木拥有绿色	地球才有脉搏
随手关电源	节能又安全	居高不要"淋"下	爱邻即是爱己
人人把好防火关	有备无患保平安	垃圾有家我送它	保护环境你我他
文明出行每一步	关爱生命每一天	家庭多一份温馨	社会多一份安宁
保护环境是责任	建设生态是美德	让环保扎根现在	用绿色昭示未来
让地球阳光普照	让未来神圣美妙	噪音噪音	产生耳鸣
消灭噪音	万物安心	与环保同行	与绿色共融
美化环境	就是美化我们的心灵没有节约		就没有未来
乱吐乱扔污染的不仅是环境	还有我们的眼睛和心灵		城市要美容
大家是天使	绿色贵在保持	环保重在行动	保持环境卫生

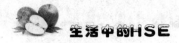
生活中的HSE

共建美丽家园　　　　　全民齐创绿色家园　　　　万众共建秀美地球

追求环保是你我的心愿　　参与环保是你我的责任　　保护城市的肺

和保护我们的肺同样重要

第五部分　附　　录

第一节　我国每年的主要宣传日

一月节日： 1 月 27 日　世界防治麻风病日	四月节日： 4 月 7 日　　世界卫生日 4 月 22 日　　世界地球日 4 月 22 日　　世界法律日 4 月 30 日　　全国交通安全反思日
二月节日： 2 月 2 日　世界潮地日 2 月 10 日　国际气象节	五月节日： 5 月 5 日　　　　中国碘缺乏病日 5 月 8 日　　　　世界红十字日 5 月 8 日　　　　世界微笑日 5 月第二周的星期二　世界哮喘日 5 月 15 日　　　　全国碘缺乏病防治日 5 月 20 日　　　　全国学生营养日 5 月 31 日　　　　世界无烟日
三月节日： 3 月 3 日　全国爱耳日 3 月 12 日　植树节 3 月 15 日　国际消费者权益日 3 月 17 日　中国国医节 3 月 21 日　世界林业节（世界森林日） 3 月 22 日　世界水日 3 月 23 日　世界气象日 3 月 24 日　世界防止结核病日 3 月 28 日　中小学生安全宣传教育日	六月节日： 6 月 5 日　世界环境日 6 月 6 日　全国爱眼日 6 月 17 日　世界防治荒漠化、干旱日 6 月 25 日　全国土地日

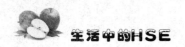

续表

九月节日：	十一月节日：
9月16日　　国际保护臭氧层日	11月1日　　植树造林日
9月20日　　国际爱牙日、公民道德宣传日	11月9日　　119消防宣传日
	11月14日　　世界糖尿病
十月节日：	十二月节日：
10月8日　　全国防治高血压日	12月1日　　世界艾滋病日
10月第二个星期四　世界视觉日	12月4日　　中国法制宣传日
10月第二个星期三　国际减轻自然灾害日	12月5日　　世界强化免疫日
10月13日　　世界保健日	12月11日　　世界防治哮喘日

第二节　市民服务热线

公积金热线 12329

市民服务热线 12345

供电热线 95598

质量热线 12365

燃气热线 962777

社区服务热线 962200

物业热线 962121

有线电视中心 962877

社保卡热线 962222

短信报警 12110

价格投诉 12358

劳动保障咨询 12333

食品安全举报 12331

天气预报 12121

消协热线 12315

救护 120

火警 119

公安报警 110

第三节　上海市公交线路

一、上海市轨交线路图

上海市轨交线路图见图 5.1。

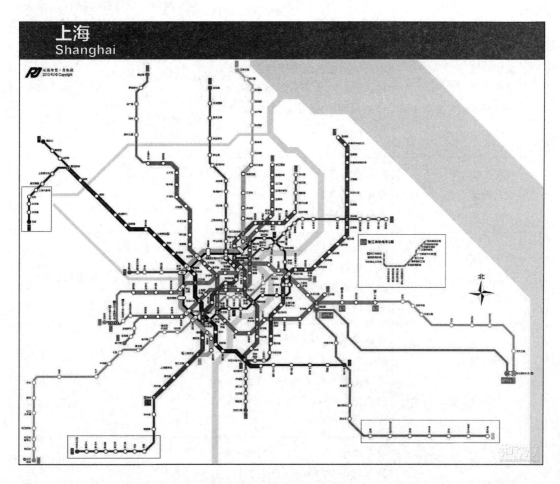

图 5.1　上海市轨交线路图

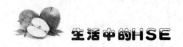

二、上海市机场线路图

上海市机场线路信息见表5.1。

表5.1 上海市机场线路信息

		上海市机场线路图			
序号	公交名称	公交线路	运行时间	间隔时间	票价
1	机场1线 浦东机场 →虹桥枢纽东交通中心	浦东机场1号航站楼(7:00～23:00)—浦东机场2号航站楼(7:05～23:05)—虹桥机场2号航站楼—虹桥枢纽东交通中心	浦东机场—虹桥枢纽东交通中心7:00～23:00虹桥枢纽东交通中心—浦东机场6:00～23:00	15～25分钟	30元
2	机场2线 浦东机场 →城市航站楼(静安寺)	浦东机场T1(6:30～23:00)—浦东机场T2(6:35～23:05)—上海机场城市航站楼(静安寺)	5:30～21:30	15～25分钟	22元
3	机场4线 浦东机场 →鲁迅公园	浦东机场T1(7:00～23:00)—浦东机场T2(7:05～23:05)—德平路浦东大道—五角场—运光新村—鲁迅公园	5:10～21:30	15～25分钟	16元～22元
4	机场5线 浦东机场 →上海火车站	浦东机场T1(6:30～23:00)—浦东机场T2(6:35～23:05)—洋泾港桥—东方医院—延安中路成都北路(下行单向)—上海火车站	5:10～21:30	15～25分钟	20元
5	机场7线 浦东机场 →上海南站	浦东机场T1(7:30～23:00)—浦东机场T2(7:35～23:05)—川沙路华夏东路—上南路华夏西路—上海南站	6:30～21:30	10～25分钟	20元

续表一

序号	公交名称	公交线路	运行时间	间隔时间	票价
		上海市机场线路图			
6	机场8线 浦东机场 →南汇汽车站	浦东机场T1(7:00～19:30)—浦东机场T2(7:05～19:35)—当局楼—海天三路启航路—交通队—海关仓库—航油站—东方航空—河滨西路卡口—机场保税区—金闻路闻居路—祝潘公路川南奉公路—千汇路南祝公路—南祝公路周祝公路—南祝公路祝成路—南祝公路卫亭路—盐仓—人民公路城东路—南汇汽车站	6:00～16:00 (临港新城) 6:10～18:30 (惠南镇(南汇大学城))	10～25分钟	2～20元
7	环1线 浦东机场→航城园	浦东机场T1(8:00～19:15)—浦东机场T2(8:05～19:20)—当局楼—公安分局—指挥部—海关仓库—航空公司—施湾—航城园	7:10～18:45	15～25分钟	2～3元
8	守航线 浦东机场 →虹桥机场T1	浦东机场T1—浦东机场T2—龙阳路地铁站—东方路张扬路—东方医院(浦东大道)—浙江中路(延安路人民广场)—石门一路(延安路)—华山路(延安路静安寺)—虹许路(延安路)—虹桥机场1号航站楼	23:00后至当日航班结束后45分钟	不超过45分钟	16～30元
9	806路	卢浦大桥—瞿溪路—打浦路—打浦桥—大木桥—枫林路—吴兴路—广元路—新华路番禺路—香花桥—虹桥开发区—水城路—虹许路—虹梅路—程家桥—上海动物园—虹桥机场T1	6:00～21:30	10～15分钟	2元～5元 多级票价

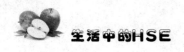
续表二

序号	公交名称	公交线路	运行时间	间隔时间	票价
10	807路	清涧新村－桃浦路高陵路－真光路金鼎路－真光新村－真光路曹安路－真源小区－真光路金沙江路－真北路金沙江路－哈密路新渔路－马家桥－哈密路仙霞路－中新泾－哈密路青溪路－上海动物园－虹桥机场T1	6:00～22:00	20分钟	1元～2.5元多级票价
11	938路	杨家渡－八佰伴－浦东南路浦电路－浦东南路浦建路－中山南路西藏南路－中山南路－鲁班路－中山南二路宛平南路－上海游泳馆－漕溪北路－西区汽车站－虹桥开发区－水城路－虹许路－程家桥－上海动物园－虹桥机场T1	6:00～21:30	8～15分钟	2元～7元多级票价
12	941路	虹桥枢纽东交通中心－七莘路润虹路－迎乐路仙霞西路－友乐路迎宾一路－延安西路外环高速公路－上海动物园－程家桥－虹桥路虹梅路－虹桥路虹许路－水城路虹桥路－水城路茅台路－天山路芙蓉江路－天山路娄山关路－中山西路天山路－中山公园－长宁路江苏路－曹家渡(长宁路)－曹家渡(长寿路)－长寿路叶家宅路－长寿路常德路－长寿路西康路－上海火车站(南广场)	6:30～23:00	10～12分钟	2元～4元多级票价

序号	公交名称	公交线路	运行时间	间隔时间	票价
		上海市机场线路图			
13	枢纽4路	虹桥枢纽东交通中心－七莘路沪清平公路－七莘路星站路－七宝站－七莘路富强街－七莘路华茂路－七莘路中谊路－七莘路华友路－七莘路华中路－七莘路顾戴路－七莘路疏影路－七莘路莘北路－莘庄－沪闵路春申路－沪闵路申北路－沪闵路银都路－徐家湾桥－颛桥－精神卫生中心－沪闵路元江路－北桥－沪闵路金塔路－沪闵路灯辉路－沪闵路剑川路－沪闵路东川路－沪闵路鹤庆路－沪闵路江川东路－闵行－沧源路东川路－东川路沧源路－交大东校区－东川路淡水河桥－东川路莲花南路－紫竹信息数码港－莲花南路紫月路－紫竹科学园区	虹桥东交通中心6:00～23:55紫竹科学园区6:00～22:30	12～30分钟	8元
14	枢纽9路	虹桥枢纽东交通中心－嘉定西站地铁站	嘉定客运中心4:50～22:00虹桥枢纽6:00～23:00	30～50分钟	10元
15	316路	虹桥枢纽东交通中心－天山西路东华美路－天山西路福泉路(轨道交通2号线淞虹路站)－天山西路北渔路－双流路天山路－天山路威宁路－天山路天中路(轨道交通2号线威宁路站)－天山路芙蓉江路－古北天山路－古北路长宁路－长宁路锦屏路－长宁路娄山关路－	延安东路外滩00:20～04:20虹桥枢纽东交通中心23:00～05:00	30分钟	2元

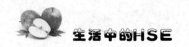

续表四

上海市机场线路图					
序号	公交名称	公交线路	运行时间	间隔时间	票价
15	316路	长宁路中山西路—中山公园（轨道交通2、3、4号线中山公园站）—长宁路江苏路—曹家渡（长宁路）—长寿路武宁路—长寿路叶家宅路—长寿路常德路（轨道交通7号线长寿路站）—长寿路江宁路—江宁路安远路—江宁路海防路—江宁路康定路—新闸路江宁路—新闸路石门二路—新闸路地铁站—新闸路西藏中路—北京东路福建中路—江西中路北京东路—江西中路汉口路—江西中路延安东路—延安东路中山东一路（外滩）	延安东路外滩00:20～04:20虹桥枢纽东交通中心23:00～5:00	30分钟	2元

三、上海市轮渡线路图

上海市轮渡线路信息见表5.2。

表5.2 上海市轮渡线路信息

上海市轮渡线路图			
序号	公交名称	公交线路	运行时间
1	万狮轮渡	万狮渡口—万狮村	
2	三淞线	三岔港—吴淞码头（淞浦路淞滨路）	三岔港 5:50～20:45吴淞 6:00～21:00
3	三港线	三林渡口—港口（龙吴路龙瑞路）	三林路 5:07～23:05港口 5:00～23:00
4	东复线	东昌路渡口—复兴东路中山南路	东昌路 7:15～18:45复兴东路 7:00～19:00

续表一

<table>
<tr><td colspan="4" style="text-align:center">上海市轮渡线路图</td></tr>
<tr><td>序号</td><td>公交名称</td><td>公交线路</td><td>运行时间</td></tr>
<tr><td>5</td><td>东嫩线</td><td>东塘路行南路—嫩江码头</td><td>东塘路 5:45～21:30
嫩江路 5:30～21:20</td></tr>
<tr><td>6</td><td>东金线</td><td>金陵东路外滩（中山东一路金陵东路）—
东昌路渡口</td><td>金陵东路 7:15～22:00
东昌路 7:00～22:00</td></tr>
<tr><td>7</td><td>其秦线</td><td>其昌栈渡口（轨道交通4号线浦东大道站）—
秦皇岛路杨树浦路</td><td>双向 通宵运行</td></tr>
<tr><td>8</td><td>南陆线</td><td>南码头渡口（南码头路世博大道）—
南浦大桥（枢纽站，地铁4号线南浦大桥站）</td><td>双向 通宵运行</td></tr>
<tr><td>9</td><td>塘米线</td><td>塘口渡口—米市渡轮渡站</td><td>塘口 5:45～20:05
米市渡 5:30～20:00</td></tr>
<tr><td>10</td><td>塘董线</td><td>塘桥（塘桥路浦明路）—董家渡路中山南路</td><td>塘桥 5:40～22:20
董家渡 5:30～22:30</td></tr>
<tr><td>11</td><td>新江轮渡</td><td>新江渡口—新江村</td><td>双向 通宵运行</td></tr>
<tr><td>12</td><td>杜吴线</td><td>杜行渡口—贡山路吴泾渡口</td><td>杜行 5:08～19:08
吴泾 5:00～19:00</td></tr>
<tr><td>13</td><td>杨复线</td><td>杨家渡（张杨路浦明路）—复兴东路中山南路</td><td>杨家渡 6:10～19:00
复兴东路 6:00～18:50</td></tr>
<tr><td>14</td><td>歇宁线</td><td>歇浦路浦东大道—宁国南路杨树浦路</td><td>歇浦路 4:10～23:50
宁国南路 4:00～24:00</td></tr>
<tr><td>15</td><td>民丹线</td><td>民生路浦东大道北—丹东路杨树浦路</td><td>民生路 5:10～22:00
丹东路 5:00～21:50</td></tr>
<tr><td>16</td><td>泰公线</td><td>泰东路渡口—公平路东大名路</td><td>泰同栈 7:00～19:00
公平路 7:00～19:00</td></tr>
<tr><td>17</td><td>草临线</td><td>农药厂（草镇渡口）—军工路临江码头</td><td>草镇 5:50～20:35
临江码头 6:00～20:20</td></tr>
<tr><td>18</td><td>西闵线</td><td>西渡（沪杭公路西闸公路）—浦江路渡口</td><td>西渡 4:10～00:05
闵行 4:00～24:00</td></tr>
</table>

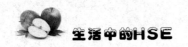

上海市轮渡线路图			
序号	公交名称	公交线路	运行时间
19	邬桥轮渡	邬桥渡口—昆阳路江川路	邬桥渡口 5:00～1:00 昆阳路江川路 5:00～1:00
20	金定线	金桥路浦东大道(庆宁寺)—共青路定海桥	双向　通宵运行
21	陈车线	塘口(陈行公路塘浦路)—车沟桥渡口	塘口 5:10～19:07 车沟桥 5:00～19:00

四、金山区内公交时刻表

(一) 全区公交

金山区公交时刻表见表5.3。

表5.3　上海市金山区公交时刻表

城区公交				
序号	公交名称	公交站点	运行时间	间隔时间
1	金山1路	金山卫站(南广场东站)—金山卫站(南广场东站)	隆安路方向 5:40～22:40 杭州湾大道方向 5:45～22:40	10～15 分钟
2	金山2路	金山卫站(南广场东站)—卫宏路金山大道	金山卫站(南广场东站) 6:00～22:40 卫宏路金山大道：5:45～21:55	10～15 分钟
3	金山3路	富川路枢纽—金山万达枢纽站	富川路枢纽 6:00～22:00 金山万达枢纽站 6:00～21:00	10～15 分钟
4	金山4路	金山卫站(北广场)—龙轩路西静路	金山卫站(北广场) 6:00～20:40 龙轩路西静路 6:00～20:30	25～30 分钟
5	金山5路	富川路枢纽—龙皓路(山阳镇政府)	富川路枢纽 5:40～19:30 龙皓路(山阳镇政府) 6:15～20:00	15～20 分钟
6	金山6路	富川路枢纽—金山万达枢纽站	富川路枢纽 6:00～20:45 金山万达枢纽站 6:00～21:15	15～20 分钟

续表

城区公交				
序号	公交名称	公交站点	运行时间	间隔时间
7	金山7路	卫零路金一路－金山卫站（北广场）	卫零路金一路 6:00～20:20 金山卫站（北广场）6:00～20:45	20～25分钟
8	金山8路	金山卫站（南广场西站）－金山卫镇卫生服务中心	金山卫站（南广场西站）6:25～22:40 金山卫镇卫生服务中心 5:55～22:10	20～25分钟
9	金山9路（区间）	金山卫站（南广场西站）－公共卫生临床中心	金山卫站（南广场西站）7:15～16:40 公共卫生临床中心 8:05～15:45～17:25	全天共5个班次

（二）区域公交时刻表

区域公交时刻表见表5.4～表5.9。

1. 朱钱卫线

表5.4　上海市朱钱卫线时刻表

朱钱卫线（周一至周日）							
石化				金山			
6:00	8:50	12:20	16:10	6:00	8:50	12:20	16:00
6:25	9:30	13:00	16:40	6:25	9:30	13:00	16:30
6:50	10:00	13:40	17:10	6:50	10:00	13:40	17:10
7:20	10:40	14:20	17:40	7:20	10:40	14:20	17:40
7:50	11:10	15:00	18:20	7:50	11:10	15:00	18:20
8:20	11:40	15:40	19:00	8:20	11:40	15:40	19:00

2. 金张卫支线

表5.5　上海市金张卫支线时刻表

朱钱卫一支线（周一至周日）									
金山卫站					廊下				
5:10	7:20	10:00	13:25	16:00	6:00	8:25	11:15	14:30	17:30

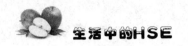

续表

朱钱卫一支线（周一至周日）									
金山卫站					廊下				
5:30	7:50	10:30	14:00	16:30	6:25	8:50	11:40	15:05	18:00
5:50	8:20	11:00	14:20	17:00	6:50	9:25	12:05	15:35	18:30
6:10	8:50	11:35	14:50	17:50	7:15	9:50	12:45	16:05	19:00
6:30	9:20	12:10	15:15	18:40	7:40	10:25	13:20	16:35	19:40
6:50	9:40	12:50	15:40	19:30	8:00	10:50	14:00	17:05	20:30

3. 石漕线

表 5.6　上海市石漕线时刻表

石漕线简明时刻表（周一至周日）							
石化				漕泾			
5:20	8:50	13:20	17:10	6:10	9:40	14:10	18:00
5:50	9:30	13:50	18:00	6:40	10:20	14:40	18:50
6:20	10:00	14:40	19:00	7:10	11:00	15:30	19:50
7:00	10:50	15:20	—	7:50	11:40	16:10	—
7:30	11:40	16:00	—	8:30	12:30	16:50	—
8:00	12:40	16:30	—	9:00	13:40	17:30	—

4. 朱卫线（高速）

朱泾汽车站（6:00～19:00）与石化汽车站（6:00～19:00）。

朱卫线（高速）简明时刻表（夏令表）（周一至周五）							
金山汽车站				石化汽车站			
6:00	8:00	11:30	15:50	6:00	8:10	11:50	16:00
6:10	8:15	11:50	16:05	6:13	8:25	12:10	16:15
6:25	8:25	12:10	16:20	6:24	8:40	12:30	16:25
6:38	8:40	12:30	16:35	6:34	8:55	12:55	16:35

续表

朱卫线(高速)简明时刻表(夏令表)(周一至周五)							
金山汽车站				石化汽车站			
6:48	8:55	12:50	16:50	6:44	9:15	13:20	16:45
6:57	9:10	13:10	17:10	6:52	9:35	13:45	17:00
7:06	9:30	13:30	17:30	7:00	9:55	14:10	17:20
7:15	9:50	13:55	18:00	7:13	10:10	14:30	17:50
7:24	10:10	14:20	18:30	7:26	10:30	14:50	18:30
7:34	10:30	14:45	19:00	7:35	10:50	15:10	19:00
7:42	10:50	15:10	—	7:45	11:10	15:30	—
7:50	11:10	15:30	—	7:56	11:30	15:45	—

朱卫线(高速)简明时刻表(夏令表)(周六、周日)							
金山汽车站				石化汽车站			
6:00	9:15	12:45	16:00	6:00	9:15	12:40	16:00
6:15	9:30	13:00	16:20	6:15	9:30	13:00	16:20
6:30	9:50	13:15	16:40	6:30	9:50	13:15	16:35
6:45	10:10	13:30	17:00	6:45	10:10	13:30	16:55
7:00	10:30	13:45	17:15	7:00	10:30	13:50	17:15
7:15	10:45	14:00	17:30	7:15	10:45	14:10	17:30
7:30	11:00	14:15	17:50	7:30	11:00	14:30	17:50
7:45	11:20	14:30	18:15	7:45	11:15	14:45	18:15
8:00	11:40	14:50	18:40	8:00	11:30	15:00	18:40
8:20	12:00	15:10	19:00	8:20	11:45	15:15	19:00
8:40	12:15	15:30	—	8:40	12:00	15:30	—
9:00	12:30	15:45	—	9:00	12:20	15:45	—

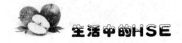

5. 金枫线

表5.7　金枫线时刻表

金山							枫泾						
金枫线时刻表（周一至周日）													
5:35	7:19	9:05	11:00	13:24	15:37	17:55	5:35	7:38	9:22	11:20	13:40	16:00	18:00
5:42	7:28	9:13	11:10	13:35	15:45	18:05	5:45	7:45	9:29	11:30	13:50	16:10	18:10
5:49	7:36	9:21	11:20	13:45	15:55	18:15	5:55	7:52	9:36	11:40	14:00	16:18	18:20
5:56	7:44	9:29	11:30	13:55	16:05	18:30	6:05	7:59	9:43	11:50	14:10	2:26	18:30
6:03	7:52	9:37	11:40	14:05	16:15	18:45	6:15	8:06	9:50	12:00	14:20	16:34	18:45
6:10	8:00	9:45	11:50	14:15	16:25	19:00	6:25	8:13	9:57	12:10	14:30	16:42	19:00
6:17	8:08	9:53	12:00	14:25	16:35	19:30	6:35	8:21	10:04	12:20	14:40	16:50	19:10
6:25	8:15	10:01	12:10	14:35	16:45	20:15	6:43	8:29	10:12	12:30	14:50	16:58	19:20
6:33	8:22	10:09	12:20	14:45	16:55	21:00	6:51	8:37	10:20	12:40	15:00	17:06	19:30
6:41	8:29	10:17	12:30	14:55	17:05	—	6:59	8:45	10:30	12:50	15:10	17:14	—
6:48	8:36	10:25	12:40	15:05	17:15	—	7:07	8:53	10:40	13:00	15:20	17:22	—
6:55	8:43	10:33	12:50	15:13	17:25	—	7:15	9:01	10:50	13:10	15:30	17:30	—
7:02	8:50	10:41	13:00	15:21	17:35	—	7:23	9:08	11:00	13:20	15:40	17:40	—
7:10	8:57	10:49	13:12	15:29	17:45	—	7:31	9:15	11:10	13:30	15:50	17:50	—

6. 朱石专线

表5.8　朱石专线时刻表

金山卫站						朱泾汽车站					
朱石专线（周一至周日）											
5:00	7:41	10:12	13:20	15:58	18:36	5:00	7:20	10:03	13:09	15:45	18:16
5:10	7:48	10:21	13:30	16:05	18:48	5:10	7:27	10:12	13:18	15:52	18:24
5:20	7:55	10:30	13:39	16:12	19:00	5:20	7:35	10:21	13:27	16:00	18:32
5:30	8:02	10:40	13:48	16:20	19:15	5:29	7:42	10:30	13:36	16:08	18:40
5:40	8:10	10:50	13:57	16:28	19:30	5:38	7:50	10:40	13:45	16:16	18:50

续表

朱石专线（周一至周日）											
金山卫站						朱泾汽车站					
5:48	9:17	11:00	14:06	16:35	19:45	5:46	7:58	10:50	13:54	16:24	19:00
5:56	8:24	11:10	14:15	16:42	20:00	5:53	8:07	11:00	14:03	16:32	19:15
6:04	8:31	11:20	14:24	16:49	20:20	6:00	8:16	11:10	14:12	16:40	19:30
6:12	8:38	11:30	14:33	16:56	20:40	6:06	8:25	11:20	14:20	16:48	19:50
6:20	8:45	11:40	14:42	17:03	21:00	6:12	8:34	11:30	14:28	16:56	20:10
6:28	8:51	11:50	14:50	17:10	21:20	6:18	8:43	11:40	14:36	17:04	20:30
6:37	9:00	12:00	14:58	17:18	21:45	6:24	8:52	11:50	14:44	17:12	20:50
6:46	9:09	12:10	15:06	17:26	22:10	6:30	9:01	12:00	14:52	17:20	21:10
6:55	9:18	12:20	15:14	17:34	22:40	6:37	9:10	12:10	15:00	17:28	21:30
7:04	9:27	12:30	15:22	17:42	—	6:45	9:20	12:20	15:08	17:36	—
7:12	9:36	12:40	15:30	17:50	—	6:52	9:30	12:30	15:16	17:44	—
7:20	9:45	12:50	15:37	18:00	—	6:59	9:40	12:40	15:24	17:52	—
7:27	9:54	13:00	15:44	18:12	—	7:06	9:48	12:50	15:31	18:00	—
7:34	10:03	13:10	15:51	18:24	—	7:13	9:56	13:00	15:38	18:08	—

7. 朱枫线

表5.9　朱枫线时刻表

朱枫线（周一至周日）											
朱泾汽车站						枫泾					
5:10	7:35	10:00	12:42	15:10	17:35	5:00	7:25	9:53	12:25	15:00	17:30
5:20	7:45	10:10	12:54	15:20	17:46	5:10	7:35	10:04	12:37	15:11	17:42
5:30	7:55	10:21	13:04	15:30	17:57	5:20	7:46	10:15	12:49	15:22	17:54
5:40	8:05	10:32	13:14	15:40	18:08	5:30	7:57	10:25	13:01	15:33	18:06
5:50	8:15	10:43	13:24	15:50	18:20	5:40	8:08	10:35	13:13	15:45	18:18
6:00	8:25	10:54	13:34	16:01	18:40	5:50	8:19	10:45	13:25	15:55	18:30
6:10	8:36	11:06	13:44	16:12	19:00	6:01	8:30	10:55	13:37	16:05	18:45

朱枫线（周一至周日）											
朱泾汽车站						枫泾					
6:20	8:47	11:18	13:54	16:23	19:20	6:12	8:40	11:05	13:49	16:15	19:00
6:30	8:58	11:30	14:05	16:34	19:40	6:23	8:50	11:16	14:00	16:25	19:15
6:40	9:09	11:42	14:16	16:45	20:00	6:34	9:00	11:27	14:10	16:35	19:30
6:51	9:20	11:54	14:27	16:55	—	6:45	9:10	11:38	14:20	16:45	—
7:02	9:30	12:06	14:39	17:05	—	6:55	9:20	11:49	14:30	16:56	—
7:13	9:40	12:18	14:50	17:15	—	7:05	9:31	12:01	14:40	17:07	—
7:24	9:50	12:30	15:00	17:25	—	7:15	9:42	12:13	14:50	17:18	—

（三）村镇公交

村镇公交时刻表见表5.10～表5.41。

1. 山阳

1）山阳一路时刻表

表5.10　山阳一路时刻表

山阳一路			
山阳		体育场	
6:10	12:05	6:10	*12:05
6:40	12:40	6:40	*12:40
7:10	13:20	*07:10	13:15
7:45	14:00	7:40	14:00
8:20	14:40	8:15	*14:40
8:55	15:20	*08:55	*15:20
9:30	16:05	*09:30	*16:05
10:05	16:45	*10:05	16:40
10:50	17:20	*10:50	17:20
11:30	17:50	11:30	*17:50
有"*"班次至体育场，其他至长兴			

2）山阳一路（区间）时刻表

表5.11　山阳一路（区间）时刻表

山阳一路（区间）			
医院		山阳	
6:00	14:30	6:30	15:00
7:00	15:30	7:30	16:00
8:00	16:30	8:30	17:00
9:00	17:30	9:30	18:00
10:00	—	10:30	
11:00		11:50	
12:15		13:00	
13:30		14:00	

3）山阳二路（工业区）

表 5.12　山阳二路（工业区）时刻表

山阳二路（工业区）简明时刻表			
石化		山阳小学	
5:30	12:20	6:00	12:55
5:50	12:40	6:25	13:15
6:10	13:05	6:50	13:40
6:30	13:30	7:15	14:05
6:55	13:50	7:35	14:25
7:10	14:10	7:50	14:45
7:30	14:25	8:05	15:00
7:50	14:45	8:25	15:20
8:10	15:05	8:45	15:35
8:30	15:20	9:05	15:50
8:50	15:35	9:25	16:10
9:10	15:55	9:45	16:30
9:35	16:15	10:10	16:50
9:55	16:35	10:30	17:05
10:15	16:55	10:50	17:25
10:35	17:15	11:10	17:45
11:00	17:35	11:35	18:05
11:20	18:00	11:55	18:30
11:40	18:30	12:15	19:00
12:00	19:00	12:35	19:30

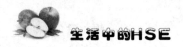
4）山阳二路(沪杭路)

表 5.13　山阳二路(沪杭路)时刻表

山阳二路(沪杭路)简易时刻表					
	石化			山阳	
5:40	10:35	15:20	6:10	11:05	16:10
6:15	11:05	16:00	6:45	11:35	16:40
6:40	11:35	16:40	7:10	12:05	17:15
7:15	12:05	17:10	7:45	12:40	17:40
7:45	12:45	18:00	8:30	13:20	18:30
8:20	13:25	18:25	8:55	14:00	19:00
9:10	14:00	19:00	9:45	14:40	19:30
9:40	14:40	—	10:15	15:20	—

2. 漕泾

1）漕泾一路时刻表　　　　　　2）漕泾二路时刻表

表 5.14　漕泾一路时刻表　　　　表 5.15　漕泾二路时刻表

漕泾一路时刻表			
沙积		建国	
6:00	12:30	6:00	13:00
6:30	13:30	6:30	14:00
7:00	14:30	7:00	15:00
7:25	15:30	7:30	15:40
8:00	16:10	8:20	16:15
8:45	16:45	9:00	16:45
9:30	17:20	9:40	17:25
10:10	18:00	10:10	18:00
10:50	—	11:00	—
11:30	—	12:00	—

漕泾二路时刻表			
金星机口		漕泾老车站	
6:15	11:30	6:45	13:45
6:30	13:00	7:00	15:00
7:15	14:15	8:05	15:40
7:30	15:30	9:30	16:00
8:30	16:10	11:00	16:45
10:00	16:30	12:30	17:00

3. 金山卫

1）金山卫一路时刻表

表 5.16　金山卫一路时刻表

金山卫一路（周一至周五）					金山卫一路（周六、周日）			
中心		塔港			中心		塔港	
*6:00	*11:55	6:10	11:20		6:00	*12:30	6:10	*12:35
6:20	12:30	6:25	12:00		*06:45	13:05	6:50	*13:10
*6:45	*13:05	*6:45	*12:35		7:25	13:40	*07:25	13:45
*7:05	13:40	7:05	13:10		*07:45	14:15	8:00	14:20
7:25	14:15	*7:25	*13:45		8:15	*14:45	*08:25	14:55
7:45	14:50	*7:45	14:20		*08:45	*15:15	8:55	*15:25
8:15	15:20	8:05	14:55		9:15	15:45	*09:25	*15:55
8:45	15:50	8:25	15:30		9:45	16:15	9:55	16:25
9:15	*16:20	8:55	16:00		10:15	*16:45	10:20	16:55
*9:45	*16:40	9:25	16:30		10:45	*17:20	10:50	*17:25
10:15	*17:05	9:55	*17:00		*11:20	18:00	11:20	*18:00
10:45	*17:30	*10:25	*17:30		*11:55	—	*12:00	—
11:20	18:00	10:50	*18:00					
有"＊"班次绕道窑厂								

2）金山卫二路时刻表

表 5.17　金山卫二路时刻表

金山卫二路时刻表（周一至周五）					金山卫二路时刻表（周一至周五）			
中心		钱圩			中心		钱圩	
6:00	12:15	6:00	12:20		9:00	15:40	8:40	16:00
6:20	12:50	6:20	12:55		9:30	16:00	9:10	16:20
6:40	13:25	6:40	13:30		10:00	16:20	9:40	16:40
*7:00	14:00	7:00	14:05		10:30	16:55	10:10	*17:00
7:30	14:35	7:20	14:40		11:05	17:30	10:40	17:35
8:00	15:00	7:40	15:15		11:40	18:00	11:10	18:10
8:30	15:20	8:10	15:40		—	—	11:45	18:40
					有"＊"班次绕道砖瓦厂			

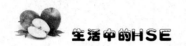

续表

金山卫二路时刻表(周六—周日)			
中心		钱圩	
6:00	12:15	6:00	12:20
6:30	12:50	6:40	12:55
7:00	13:25	7:10	13:30
7:30	14:00	7:40	14:05
8:00	14:35	8:10	14:40
8:30	15:10	8:40	15:15

金山卫二路时刻表(周六—周日)			
中心		钱圩	
9:00	15:45	9:10	15:50
9:30	16:20	9:40	16:25
10:00	16:55	10:10	17:00
10:30	17:30	10:40	17:35
11:05	18:00	11:10	18:10
11:40	—	11:45	18:40

4. 金山工业区

1) 金山工业区一路时刻表

表 5.18　金山工业区一路时刻表

金山工业区一路简明时刻表			
朱行		红光	
6:00	12:30	6:00	12:05
6:30	13:30	6:25	12:55
7:00	14:30	7:00	13:55
7:30	15:00	7:25	14:55
8:00	15:30	7:55	15:25
8:30	16:00	8:25	15:55
9:00	16:30	8:55	16:25
9:30	17:00	9:25	17:00
10:00	17:30	9:55	17:30
10:30	18:00	10:25	18:00
11:40	—	10:55	—

2) 金山工业区二路时刻表

表 5.19　金山工业区二路时刻表

金山工业区二路简明时刻表			
朱行		欢兴	
6:00	12:35	6:00	12:00
6:35	13:40	6:30	13:05
7:10	14:15	7:05	14:10
7:45	14:55	7:40	14:50
8:20	15:30	8:15	15:25
8:55	16:10	8:50	16:00
9:30	16:45	9:25	16:40
10:05	17:20	10:00	17:30
10:40	18:00	10:35	18:00
11:30	—	11:10	—

5．张堰

1）张堰一路时刻表

表 5.20　张堰一路时刻表

张堰一路			
建农		张堰	
6：00	11：40	6：25	12：30
6：30	12：55	7：00	13：30
6：55	14：00	7：30	14：30
7：25	15：00	8：00	15：30
7：55	15：25	8：30	16：00
8：25	15：55	9：00	16：30
8：55	16：25	9：30	17：00
9：25	16：55	10：00	17：30
9：55	17：30	10：30	18：00
10：25	18：00	11：15	—

2）张堰二路时刻表

表 5.21　张堰二路时刻表

张堰二路时刻表			
秦望村		新绍泾	
6：30	12：55	6：30	13：30
7：10	14：35	7：10	14：00
8：00	15：20	7：45	15：10
8：40	16：00	8：35	15：55
9：20	16：40	9：15	16：35
10：10	17：20	9：55	17：20
11：00	18：00	10：45	18：00
11：45	—	12：20	—

6．枫泾

1）枫泾一路、二路和三路时刻表

表 5.22　枫泾一路、二路和三路的时刻表

枫泾一路									
枫泾					新园				
6：00	8：10	11：00	14：00	16：30	6：00	8：00	11：00	14：00	16：30
6：30	8：30	11：30	14：30	17：00	6：20	8：30	11：30	14：20	16：50
6：50	9：00	12：00	15：00	17：30	6：40	9：00	12：00	14：40	17：10
7：10	9：30	12：30	15：30	18：00	7：00	9：30	12：30	15：00	17：30
7：30	10：00	13：00	15：50	—	7：20	10：00	13：00	15：30	18：00
7：50	10：30	13：30	16：10	—	7：40	10：30	13：30	16：00	—
—	—	—	—	—	—	—	—	—	—
—	—	—	—	—	—	—	—	—	—

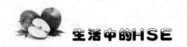

续表

枫泾二路									
枫泾					朱家浜				
6:00	8:10	11:00	14:00	16:30	6:00	8:00	11:00	14:00	16:30
6:30	8:30	11:30	14:30	17:00	6:20	8:30	11:30	14:30	16:50
6:50	9:00	12:00	15:00	17:30	6:40	9:00	12:00	15:00	17:10
7:10	9:30	12:30	15:30	18:00	7:00	9:30	12:30	15:20	17:30
7:30	10:00	13:00	15:50	—	7:20	10:00	13:00	15:40	18:00
7:50	10:30	13:30	16:10	—	7:40	10:30	13:30	16:00	—
—	—	—	—	—	—	—	—	—	—
—	—	—	—	—	—	—	—	—	—

枫泾三路									
农贸市场					下坊渡				
6:00	8:00	11:00	14:00	16:40	6:20	8:30	11:30	14:30	17:00
6:20	8:30	11:30	14:30	17:00	6:40	9:00	12:00	15:00	17:30
6:40	9:00	12:00	15:00	17:30	7:00	9:30	12:30	15:30	18:00
7:00	9:30	12:30	15:30	18:00	7:20	10:00	13:00	16:00	18:15
7:20	10:00	13:00	16:00	—	7:40	10:30	13:30	16:20	—
7:40	10:30	13:30	16:20	—	8:00	11:00	14:00	16:40	—
—	—	—	—	—	—	—	—	—	—
—	—	—	—	—	—	—	—	—	—

2）枫泾四路、五路、六路时刻表

表 5.23　枫泾四路、五路和六路的时刻表

枫泾四路									
兴塔					寒泾				
6:00	8:00	11:00	14:00	16:40	6:00	8:00	11:00	14:00	16:40

续表

枫泾四路									
兴塔					寒泾				
6:20	8:30	11:30	14:30	17:00	6:20	8:30	11:30	14:30	17:00
6:40	9:00	12:00	15:00	17:20	6:40	9:00	12:00	15:00	17:20
7:00	9:30	12:30	15:30	17:40	7:00	9:30	12:30	15:30	17:40
7:20	10:00	13:00	16:00	18:00	7:20	10:00	13:00	16:00	18:00
7:40	10:30	13:30	16:20	—	7:40	10:30	13:30	16:20	18:15
—	—	—	—	—	—	—	—	—	—
—	—	—	—	—	—	—	—	—	—

枫泾五路									
兴塔					韩坞				
6:00	8:00	11:00	14:00	16:40	6:00	8:00	11:00	14:00	16:40
6:20	8:30	11:30	14:30	17:00	6:20	8:30	11:30	14:30	17:00
6:40	9:00	12:00	15:00	17:20	6:40	9:00	12:00	15:00	17:20
7:00	9:30	12:30	15:30	17:40	7:00	9:30	12:30	15:30	17:40
7:20	10:00	13:00	16:00	18:00	7:20	10:00	13:00	16:00	18:00
7:40	10:30	13:30	16:20	—	7:40	10:30	13:30	16:20	18:15
—	—	—	—	—	—	—	—	—	—
—	—	—	—	—	—	—	—	—	—

枫泾六路									
枫泾					腰浜				
6:00	8:10	11:00	14:00	16:30	6:00	8:00	11:00	14:00	16:30
6:30	8:30	11:30	14:30	17:00	6:20	8:30	11:30	14:20	16:50
6:50	9:00	12:00	15:00	17:30	6:40	9:00	12:00	14:40	17:10
7:10	9:30	12:30	15:30	18:00	7:00	9:30	12:30	15:00	17:30
7:30	10:00	13:00	15:50	—	7:20	10:00	13:00	15:30	18:00
7:50	10:30	13:30	16:10	—	7:40	10:30	13:30	16:00	—

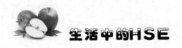

3）枫泾七路时刻表

表 5.24　枫泾七路时刻表

枫泾七路	
枫泾汽车站	金山北站
6:35	7:30
8:00	8:55
9:25	10:30
11:05	12:10
12:40	13:30
14:00	14:50
15:25	16:40
17:30	18:40
19:10	20:10
20:40	21:45

7. 廊下

1）廊下一路时刻表

表 5.25　廊下一路时刻表

廊下一路									
廊下					中联				
6:00	8:00	11:00	14:00	17:10	6:00	8:00	11:00	14:00	17:00
6:20	8:30	11:30	14:30	17:30	6:20	8:30	11:30	14:30	17:40
6:40	9:00	12:00	15:00	18:00	6:40	9:00	12:00	15:00	18:00
7:00	9:30	12:30	15:40	—	7:00	9:30	12:30	15:30	—
7:20	10:00	13:00	16:15	—	7:20	10:00	13:00	16:00	—
7:40	10:30	13:30	16:40	—	7:40	10:30	13:30	16:30	—

2）廊下二路时刻表

表5.26　廊下二路时刻表

廊下二路							
廊下				横码头		徐家楼	
6：00	8：30	12：00	15：30	6：00	11：30	6：20	12：00
6：20	9：00	12：30	16：00	6：30	12：30	6：50	13：00
6：40	9：30	13：00	16：20	7：00	13：30	7：20	14：00
7：00	10：00	13：30	16：40	7：30	14：30	8：10	15：00
7：10	10：30	14：00	17：10	8：30	15：30	9：00	16：00
7：30	11：00	14：30	17：30	9：30	16：40	10：00	17：00
7：50	11：30	15：00	18：00	10：30	17：30	11：00	18：00

3）廊下三路时刻表

表5.27　廊下三路时刻表

廊下三路									
廊下					中联				
6：00	8：00	11：00	14：00	17：00	6：00	8：00	11：00	14：00	17：00
6：20	8：30	11：30	14：30	17：30	6：20	8：30	11：30	14：30	17：30
6：40	9：00	12：00	15：00	18：00	6：40	9：00	12：00	15：00	18：00
7：00	9：30	12：30	15：30	—	7：00	9：30	12：30	15：30	—
7：20	10：00	13：00	16：00	—	7：20	10：00	13：00	16：00	—
7：40	10：30	13：30	16：30	—	7：40	10：30	13：30	16：30	—

4）廊下四路时刻表

表5.28　廊下四路时刻表

廊下四路									
廊下					干家圩				
6：00	9：00	12：00	15：00	18：00	6：00	9：00	12：00	15：00	18：00

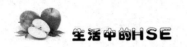
廊下四路									
廊下					干家圩				
6:30	9:30	12:30	15:30	—	6:30	9:30	12:30	15:30	—
7:00	10:00	13:00	16:00	—	7:00	10:00	13:00	16:00	—
7:30	10:30	13:30	16:30	—	7:30	10:30	13:30	16:30	—
8:00	11:00	14:00	17:00	—	8:00	11:00	14:00	17:00	—
8:30	11:30	14:30	17:30	—	8:30	11:30	14:30	17:30	—

5）廊下五路时刻表

表 5.29　廊下五路时刻表

廊下五路									
廊下					友好				
6:00	8:00	11:00	14:00	16:40	6:00	8:00	11:00	14:00	16:40
6:20	8:30	11:30	14:30	17:00	6:20	8:30	11:30	14:30	17:00
6:40	9:00	12:00	15:00	17:30	6:40	9:00	12:00	15:00	17:30
7:00	9:30	12:30	15:30	18:00	7:00	9:30	12:30	15:30	18:00
7:20	10:00	13:00	16:00	—	7:20	10:00	13:00	16:00	—
7:40	10:30	13:30	16:20	—	7:40	10:30	13:30	16:20	—

8. 吕巷

1）吕巷一路时刻表

表 5.30　吕巷一路时刻表

吕巷一路									
吕巷					干巷				
5:40	8:00	11:00	14:00	17:00	6:00	8:30	11:30	14:30	17:30
6:00	8:30	11:30	14:30	17:30	6:30	9:00	12:00	15:00	18:00
6:20	9:00	12:00	15:00	18:00	6:50	9:30	12:30	15:30	—

吕巷一路									
吕巷					干巷				
6:40	9:30	12:30	15:30	—	7:15	10:00	13:00	16:00	—
7:00	10:00	13:00	16:00	—	7:40	10:30	13:30	16:30	—
7:30	10:30	13:30	16:30	—	8:00	11:00	14:00	17:00	—

2）吕巷二路时刻表

表 5.31　吕巷二路时刻表

吕巷二路									
吕巷					张家埭				
5:40	7:40	10:30	13:30	16:20	6:00	8:00	11:00	14:00	16:40
6:00	8:00	11:00	14:00	16:40	6:20	8:30	11:30	14:30	17:00
6:20	8:30	11:30	14:30	17:00	6:40	9:00	12:00	15:00	17:20
6:40	9:00	12:00	15:00	17:20	7:00	9:30	12:30	15:30	17:40
7:00	9:30	12:30	15:30	17:40	7:20	10:00	13:00	16:00	18:00
7:20	10:00	13:00	16:00	18:00	7:40	10:30	13:30	16:20	—

3）吕巷三路时刻表

表 5.32　吕巷三路时刻表

吕巷三路											
吕巷（注：带"＊"号的班次发往吕青）						夹漏村			吕青		
5:40	6:45	8:30	11:30	14:30	17:00	6:00	9:00	15:00	6:00	9:30	15:30
5:40＊	6:45＊	9:00＊	12:00＊	15:00＊	17:00＊	6:15	10:00	16:00	6:30	10:30	16:15
6:00	7:00	9:30	12:30	15:30	17:30＊	6:30	11:00	16:45	6:45	11:30	17:00
6:15	7:30	10:00＊	13:00＊	16:00＊	17:45	7:00	12:00	17:20	7:00	12:30	17:30
6:15＊	7:40＊	10:30	13:30	16:30	18:00	7:30	13:00	18:00	8:00	13:30	18:00
6:30	8:00	11:00＊	14:00＊	16:30＊	18:00＊	8:00	14:00	—	8:40	14:30	18:15

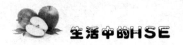

4）吕巷四路时刻表

表 5.33　吕巷四路时刻表

吕巷四路									
吕巷					寒圩村				
6:00	8:00	11:00	14:00	16:20	6:00	8:00	11:00	14:00	16:20
6:20	8:30	11:30	14:30	16:40	6:20	8:20	11:30	14:30	16:40
6:40	9:00	12:00	15:00	17:00	6:40	9:00	12:00	15:00	17:00
7:00	9:30	12:30	15:20	17:20	7:00	9:30	12:30	15:20	17:20
7:20	10:00	13:00	15:40	17:40	7:20	10:00	13:00	15:40	17:40
7:40	10:30	13:30	16:00	18:00	7:40	10:30	13:30	16:00	18:00

9. 亭林

1）亭林一路时刻表

表 5.34　亭林一路时刻表

亭林一路							
松隐				亭林			
5:30	8:10	11:30	15:30	6:00	8:45	12:05	16:05
5:50	8:30	12:00	15:50	6:25	9:05	12:35	16:25
6:10	8:50	12:30	16:10	6:45	9:25	13:05	16:45
6:30	9:10	13:00	16:30	7:05	9:45	13:35	17:05
6:50	9:30	13:30	16:50	7:25	10:05	14:05	17:25
7:10	10:00	14:00	17:10	7:45	10:35	14:35	17:45
7:30	10:30	14:30	17:30	8:05	11:05	15:05	18:00
7:50	11:00	15:00	—	8:25	11:35	15:35	—

2）亭林三路时刻表

表 5.35　亭林三路时刻表

亭林汽车站			枢纽站		
5:50	11:50	17:55	6:30	12:20	18:25
6:25	12:30	18:20	6:55	13:00	18:50
7:00	13:05	18:50	7:30	13:35	19:20
7:15	13:40	19:15	7:50	14:10	19:55
7:30	14:15	19:50	8:20	14:50	20:20
8:00	14:50	20:35	8:40	15:35	21:05
8:50	15:30	21:05	9:20	16:05	21:35
9:20	16:05	21:35	9:50	16:35	22:10
9:55	16:40	—	10:25	17:10	—
10:30	17:05	—	11:00	17:35	—
11:10	17:30	—	11:40	18:00	—

10. 朱泾

1）朱泾一路时刻表

表 5.36　朱泾一路时刻表

朱泾一路（环线　往车站方向）									
民主村（环线　往车站方向）									
6:00	7:07	8:23	9:37	11:10	12:50	14:23	15:37	16:53	18:30
6:07 *	7:15 *	8:30 *	9:45	11:20	13:00 *	14:30 *	15:45	17:00 *	18:40
6:15	7:23	8:37	9:53	11:30 *	13:10	14:37	15:53	17:10	18:50
6:23	7:30 *	8:45	10:00 *	11:40	13:20	14:45	16:00 *	17:20 *	19:00 *
6:30 *	7:37	8:53	10:10	11:50	13:30 *	14:53	16:07	17:30 *	19:30
6:37	7:45 *	9:00 *	10:20	12:00 *	13:40	15:00 *	16:15	17:40	20:00
6:45 *	7:53	9:07	10:30 *	12:10	13:50	15:07	16:23	17:50	20:30

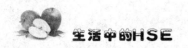

续表

朱泾一路（环线　往车站方向）									
民主村（环线　往车站方向）									
6:53	8:00 *	9:15	10:40	12:20	14:00 *	15:15	16:30 *	18:00 *	21:00
7:00 *	8:07	9:23	10:50	12:30 *	14:07	15:23	16:37	18:10	—
—	8:15 *	9:30 *	11:00 *	12:40	14:15	15:30 *	16:45	18:20	—

2）朱泾二路时刻表

表5.37　朱泾二路时刻表

朱泾二路（环线　往车站方向）											
秀州村（环线　往车站方向）											
6:00	7:00	8:00	9:00	10:10	11:30	12:50	14:10	15:15	16:15	17:20	18:40
6:10	7:07	8:07	9:07	10:20	11:40	13:00	14:20	15:23	16:23	17:30	18:50
6:20	7:15	8:15	9:15	10:30	11:50	13:10	14:30	15:30	16:30	17:40	19:00
6:30	7:23	8:23	9:23	10:40	12:00	13:20	14:37	15:37	16:37	17:50	19:30
6:37	7:30	8:30	9:30	10:50	12:10	13:30	14:45	15:45	16:45	18:00	20:00
6:45	7:37	8:37	9:40	11:00	12:20	13:40	14:53	15:53	16:53	18:10	—
6:53	7:45	8:45	9:50	11:10	12:30	13:50	15:00	16:00	17:00	18:20	—
—	7:53	8:53	10:00	11:20	12:40	14:00	15:07	16:07	17:10	18:30	—

3）朱泾三路时刻表

表5.38　朱泾三路时刻表

朱泾三路									
众安街					大茫村				
6:00	7:40	10:30	13:30	16:20	6:00	8:10	11:10	14:10	16:40
6:15	8:00	11:00	14:00	16:40	6:20	8:40	11:40	14:40	17:00
6:25	8:30	11:30	14:30	17:00	6:40	9:10	12:10	15:10	17:10

朱泾三路									
众安街					大茫村				
6:40	9:00	12:00	15:00	17:30	7:00	9:40	12:40	15:40	17:40
7:00	9:30	12:30	15:30	18:00	7:20	10:10	13:10	16:00	18:00
7:20	10:00	13:00	16:00	—	7:40	10:40	13:40	16:20	—

朱泾三路（区间）					
众安街			待步泾村便民店		
6:00	9:45	15:45	6:00	10:15	16:00
6:15	10:30	16:15	6:20	11:00	16:30
6:35	11:15	16:45	6:45	11:45	17:00
7:00	12:00	17:15	7:10	12:30	17:20
7:25	12:45	17:35	7:30	13:15	17:45
7:45	13:30	18:00	8:00	14:00	18:00
8:15	14:15	—	8:45	14:45	—
9:00	15:00	—	9:30	15:30	—

4）朱泾四路时刻表

表 5.39　朱泾四路时刻表

朱泾四路									
三图					万年				
6:00	8:30	11:30	14:30	17:30	6:00	8:30	11:30	14:30	17:00
6:25	9:00	12:00	15:00	18:00	6:25	9:00	12:00	15:00	17:30
6:50	9:30	12:30	15:30	—	6:40	9:30	12:30	15:30	18:00
7:10	10:00	13:00	16:00	—	7:00	10:00	13:00	16:00	—
7:30	10:30	13:30	16:30	—	7:30	10:30	13:30	16:20	—
8:00	11:00	14:00	17:00	—	8:00	11:00	14:00	16:40	—

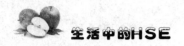

5）朱泾五路时刻表

表 5.40 朱泾五路时刻表

朱泾5路简明时刻表		
（周一至周日）		
朱泾汽车站	〈——〉	金山北站
6:40	—	7:30
7:55	—	8:55
9:25	—	10:30
11:05	—	12:10
12:40	—	13:30
14:00	—	14:50
15:15	—	16:05
16:30	—	17:05
17:30	—	18:40
19:05	—	20:10
20:35	—	21:45

6）朱泾六路时刻表

表 5.41 朱泾六路时刻表

朱泾六路简明时刻表			
金山汽车站		长浜村	
5:35	12:45	6:00	13:05
6:25	13:30	6:45	13:50
7:20	14:15	7:40	14:35
8:05	15:00	8:25	15:20
8:50	15:45	9:10	16:05
9:35	16:30	9:55	16:50
10:20	17:15	10:40	17:35
11:10	18:00	11:30	18:25
12:00	—	12:20	—

金山客运站实发班次见表 5.42。

金山客运站实发班次(2014.5.30 更新)

客运站名称:上海交通大众客运有限责任公司金山客运站

表 5.42　金山客运站发车班次

序号	线路名称	发车时刻
1	金山客运站—乍浦	7:00、7:30、8:10、8:40、9:15、9:50、10:30、11:00、11:45、12:30、13:25、14:00、14:45、15:30、16:15、7:00、17:50
2	金山客运站—平湖	7:00、10:00、12:50、15:50
3	金山客运站—平湖(高速)	7:40、8:25、9:00、9:40、10:20、11:00、11:40、12:20、13:10、14:00、14:50、15:40、16:20、17:00、17:40、18:00
4	金山客运站—海盐	8:50、15:00
5	金山客运站—杭州	6:45、8:30
6	金山客运站—庐江	5:30
7	金山客运站—响水	7:00
8	金山客运站—邳州	17:00
9	金山客运站—阜阳	14:00
10	金山客运站—淮南	5:30
11	金山客运站—夏邑	14:00
12	金山客运站—信阳	14:00
13	金山客运站—驻马店	11:00
14	金山客运站—射洪	5:05
15	金山客运站—怀宁	14:00
16	石化—苏州	8:50
17	金山客运站—沭阳	6:00
18	金山客运站—宣城	6:40
19	金山客运站—正安	10:00

咨询电话:57930093

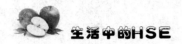

五、金山区铁路时刻表

金山区铁路时刻信息见表5.43。

表5.43　金山区铁路时刻信息

工作日				节假日			
金山卫站		上海南站		金山卫站		上海南站	
6:00	13:34 *	5:30 *	13:07	6:00	14:19	6:27	14:40 *
6:20	13:53 *	6:08	13:59	6:58 *	14:57 *	7:13 *	14:50 ♯
6:58 *	14:29	6:40 *	14:40 *	7:36	15:19 *	7:45	15:22
7:06	15:19 *	7:13 *	14:51	8:09	15:33 *	8:20	15:31
7:20 *	15:33 *	7:45	15:22	8:28 *	15:42	8:29 *	16:12 *
7:25	15:42	7:53	16:12 *	9:06 ♯	16:36 *	9:02	16:24 *
7:41	16:08	8:29 *	16:24 *	9:40	16:55 *	9:13	16:43 *
8:00	16:55 *	9:02 *	16:43	9:49	17:24 *	9:40 ♯	17:09
8:48 *	17:24 *	9:13 *	17:09	10:25 *	17:33	10:00 *	17:28
9:07	17:33	9:21	17:28	10:48	18:10	10:35	18:08 *
9:40 *	18:10	10:00 *	18:08 *	11:21	18:28	11:08 *	18:13
9:49	18:28	10:25	18:13	11:56	18:50	11:19	18:46 *
10:25 *	18:50	10:35	18:46 *	12:20	19:15	12:07	18:57
10:48	19:15	11:08 *	18:57	12:33	19:51	12:40 *	19:57 *
11:21	19:51	11:19	19:57 *	13:21	20:09	12:56 *	20:08
11:56 *	20:09	12:07	20:08	13:34	20:31	13:07	20:36
12:20 *	20:31	12:40 *	20:36	13:53 *	21:07	13:59	21:24
12:33	21:27	12:56 *	21:24	14:14 ♯	21:55 *	14:07	21:57 *
13:21 *	——	——	——	——	——	——	——

注：* ——直达车（全程约半小时）；

　　♯ ——大站停（约45分钟，中途停亭林和新桥）；

　　无标记为站站停（全程约一小时）；

　　上海金山铁路时刻查询网址：www.shjstl.com。

六、金山北站列车时刻表

（一）上海方向

表 5.44　金山北站上海方向列车时刻表

车次	列车运行区间	始发站开	金山北站	沿途停靠站、到点/坐席票价					
D5412	海宁西—上海虹桥	7:19	8:07/8:08	松江南 8:16	上海虹桥 8:32	—	—	—	—
				一等车 7 元/二等车 6 元	一等车 18 元/二等车 15 元	—	—	—	—
G7410	杭州—上海虹桥	9:40	10:22/10:23	上海虹桥 10:40	—	—	—	—	—
				一等车 37 元/二等车 23 元	—	—	—	—	—
D5466	温州南—合肥	7:10	11:46/11:47	松江南 11:56	上海虹桥 12:12	昆山南 12:34	苏州新区 13:03	无锡 13:18	常州 13:36
				一等车 7 元/二等车 6 元	一等车 18 元/二等车 15 元	一等车 36 元/二等车 30 元	一等车 53 元/二等车 44 元	一等车 65 元/二等车 54 元	一等车 79 元/二等车 66 元
				丹阳 13:59	镇江 14:21	全椒 15:26	肥东 15:50	合肥 16:09	
				一等车 95 元/二等车 80 元	一等车 106 元/二等车 88 元	一等车 159 元/二等车 133 元	一等车 201 元/二等车 168 元	一等车 211 元/二等车 176 元	

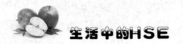
车次	列车运行区间	始发站开	金山北站	沿途停靠站、到点/坐席票价					
D5652	义乌—上海虹桥	10:00	11:59/12:08	上海虹桥12:27 一等车7元/二等车6元	—	—	—	—	—
D5682	江山—上海虹桥	9:53	12:49/12:50	松江南12:58 一等车7元/二等车6元	上海虹桥13:24 一等车18元/二等车15元	—	—	—	—
D92	南昌—上海虹桥	8:15	13:08/13:21	上海虹桥13:40 一等车18元/二等车15元	—	—	—	—	—
D94	南昌—上海虹桥	9:06	14:04/14:05	松江南14:14 一等车7元/二等车6元	上海虹桥14:29 一等车18元/二等车15元	—	—	—	—
D5662	金华西—上海虹桥	11:55	14:14/14:15	松江南14:23 一等车7元/二等车6元	上海虹桥14:54 一等车18元/二等车15元	—	—	—	—

车次	列车运行区间	始发站开	金山北站	沿途停靠站、到点/坐席票价					
D3104	福州—上海虹桥	9:52	15:41/15:43	松江南 15:53	上海虹桥 16:07	—	—	—	—
				一等车 7元/二等车 6元	一等车 18元/二等车 15元				
D3204	厦门—上海虹桥	11:10	18:19/18:29	上海虹桥 18:53	—	—	—	—	—
				一等车 18元/二等车 15元					
D5664	金华西—上海虹桥	17:03	20:02/20:03	上海虹桥 20:22	—	—	—	—	—
				一等车 18元/二等车 15元					
D5654	义乌—上海虹桥	18:15	20:11/20:21	上海虹桥 20:39	—	—	—	—	—
				一等车 18元/二等车 15元					

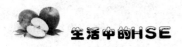生活中的HSE

（二）杭州方向

表 5.45　金山北站杭州方向列车时刻表

车次	列车运行区间	始发站开	金山北站	沿途停靠站、到点/坐席票价					
				嘉兴南 8:08	桐乡 8:20	杭州南 8:54	绍兴 9:17	宁波东 10:36	奉化 10:52
				一等车 13元/ 二等车 11元	一等车 24元/ 二等车 20元	一等车 51元/ 二等车 42元	一等车 64元/ 二等车 53元	一等车 106元/ 二等车 88元	一等车 118元/ 二等车 98元
				三门县 11:14	台州 11:31	温岭 11:43	乐清 12:05	温州南 12:19	苍南 12:42
D3105	上海虹桥—福州南	7:19	7:46/7:55	一等车 143元/ 二等车 120元	一等车 160元/ 二等车 134元	一等车 169元/ 二等车 141元	一等车 193元/ 二等车 161元	一等车 206元/ 二等车 172元	一等车 227元/ 二等车 190元
				福安 13:17	福州南 13:54	—	—	—	—
				一等车 273元/ 二等车 227元	一等车 315元/ 二等车 263元	—	—	—	—
G7409	上海虹桥—杭州	9:17	9:33/9:34	桐乡 9:52	杭州 10:16	—	—	—	—
				一等车 50元/ 二等车 31元	一等车 94元/ 二等车 59元	—	—	—	—

车次	列车运行区间	始发站开	金山北站	沿途停靠站、到点/坐席票价					
D3203	上海虹桥—厦门	10:45	11:02/11:03	嘉兴南 11:16	桐乡 11:35	海宁西 11:46	杭州南 12:16	上虞 12:55	宁波东 13:50
				一等车 13元/二等车 11元	一等车 24元/二等车 20元	一等车 32元/二等车 26元	一等车 51元/二等车 42元	一等车 74元/二等车 62元	一等车 106元/二等车 88元
				宁海 14:14	台州 14:39	雁荡山 14:57	温州南 15:21	福鼎 15:58	宁德 16:30
				一等车 131元/二等车 109元	一等车 160元/二等车 134元	一等车 178元/二等车 148元	一等车 206元/二等车 172元	一等车 241元/二等车 201元	一等车 283元/二等车 236元
				福州南 17:00	福清 17:15	莆田 17:32	泉州 17:54	厦门北 18:17	厦门 18:40
				一等车 315元/二等车 263元	一等车 329元/二等车 274元	一等车 347元/二等车 290元	一等车 373元/二等车 311元	一等车 399元/二等车 333元	一等车 411元/二等车 343元
D3207	上海虹桥—厦门北	11:06	11:29/11:31	嘉兴南 11:44	杭州南 12:27	绍兴 12:52	上虞 13:13	宁波东 14:08	台州 14:51
				一等车 13元/二等车 11元	一等车 51元/二等车 42元	一等车 64元/二等车 53元	一等车 74元/二等车 62元	一等车 106元/二等车 88元	一等车 160元/二等车 134元
				温州南 15:28	瑞安 15:41	鳌江 15:51	福鼎 16:11	霞浦 16:28	宁德 16:48
				一等车 206元/二等车 172元	一等车 215元/二等车 179元	一等车 221元/二等车 184元	一等车 241元/二等车 201元	一等车 261元/二等车 217元	一等车 283元/二等车 236元
				连江 17:06	福州南 17:24	莆田 17:50	泉州 18:12	厦门北 18:34	—
				一等车 303元/二等车 253元	一等车 315元/二等车 263元	一等车 347元/二等车 290元	一等车 373元/二等车 311元	一等车 399元/二等车 333元	—

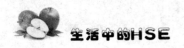

车次	列车运行区间	始发站开	金山北站	沿途停靠站、到点/坐席票价					
D5589	南京—温州南	11:44	12:04/12:05	余杭 12:33	杭州南 13:09	绍兴 13:31	宁波东 14:39	三门县 15:11	台州 15:28
				一等车 36元/二等车 30元	一等车 51元/二等车 42元	一等车 64元/二等车 53元	一等车 106元/二等车 88元	一等车 143元/二等车 120元	一等车 160元/二等车 134元
				温岭 15:42	雁荡山 15:55	乐清 16:13	温州南 16:30	—	—
				一等车 169元/二等车 141元	一等车 178元/二等车 148元	一等车 193元/二等车 161元	一等车 206元/二等车 172元	—	—
D5681	上海虹桥—江山	12:45	13:02/13:03	嘉兴南 13:16	海宁西 13:39	余杭 13:47	杭州 14:04	诸暨 15:45	金华西 15:28
				一等车 13元/二等车 11元	一等车 32元/二等车 26元	一等车 36元/二等车 30元	一等车 45元/二等车 37元	一等车 77元/二等车 64元	一等车 114元/二等车 95元
				衢州 16:01	江山 16:18	—	—	—	—
				一等车 146元/二等车 122元	一等车 159元/二等车 133元	—	—	—	—
G7423	上海虹桥—杭州	13:33	13:49/13:50	嘉兴南 14:03	杭州 14:33	—	—	—	—
				一等车 28元/二等车 17元	一等车 94元/二等车 59元	—	—	—	—

续表三

车次	列车运行区间	始发站开	金山北站	沿途停靠站、到点/坐席票价					
D5653	上海虹桥—义乌	15:38	15:55/15:56	嘉兴南 16:09 一等车 13元/二等车 11元	桐乡 16:21 一等车 24元/二等车 20元	杭州 16:57 一等车 45元/二等车 37元	诸暨 17:37 一等车 77元/二等车 64元	义乌 17:55 一等车 97元/二等车 81元	—
G7433	上海虹桥—杭州	16:20	16:36/16:38	余杭 17:02 一等车 74元/二等车 47元	杭州 17:20 一等车 94元/二等车 59元	—	—	—	—
D5557	上海虹桥—温州南	18:33	18:50/18:51	嘉善南 19:00 一等车 7元/二等车 6元	嘉兴南 19:09 一等车 13元/二等车 11元	杭州南 19:59 一等车 51元/二等车 42元	绍兴 20:25 一等车 64元/二等车 53元	宁波东 21:33 一等车 106元/二等车 88元	台州 22:16 一等车 160元/二等车 134元
				温州南 22:54 一等车 206元/二等车 172元	—	—	—	—	—
G7449	上海虹桥—杭州	20:39	20:55/20:57	余杭 21:21 一等车 74元/二等车 47元	杭州 21:39 一等车 94元/二等车 59元	—	—	—	—

注：时刻和票价如有变动，以车票票面显示为准。

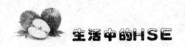

第四节 医疗机构

金山区医疗机构见表 5.46。

表 5.46 金山区医疗机构一览表

急救电话:120			
机构名称	电话	法人代表	地址
复旦大学附属公共卫生中心	37990333	张志勇	金山区漕廊路 2901 号
复旦大学附属金山医院	34189990	沈辉	金山区龙航路 1508 号
上海市第六人民医院金山分院	57317312	胡军	金山区朱泾镇健康路 147 号
金山区中西医结合医院	57351423	汤必孝	金山区枫泾镇白牛路 219 号
金山区亭林医院	57232481	孙继权	金山区亭林镇寺平北路 80 号
金山区众仁老年护理医院	67353374	卢国秀	金山区枫泾镇枫阳路 258 号
金山区精神卫生中心	57958771	侯国权	金山区金石南路 1949 号
金山区疾病预防控制中心	57333447	张亚宁	金山区朱泾镇卫生路 94 号
金山区卫生局卫生监督所	57338841	倪淑萍	石化街道金一东路 439 号
金山区妇幼保健所	37330080－608	陈映文	金山区朱泾镇南圩路 12 号
金山区石化社区卫生服务中心	57970127	岑惠忠	金山区石化象州路 12 号
金山区朱泾镇社区卫生服务中心	57326595	彭艳英	金山区朱泾镇罗星南路 608 号
金山区枫泾镇社区卫生服务中心	57361060	汤必孝	枫泾镇枫杰路 28 号
金山区亭林镇社区卫生服务中心	57383973	赵君辉	金山区亭林镇松隐大街 456 号
金山区工业区社区卫生服务中心	57277065	杨旦红	金山区工业区亭卫公路 6668 号
金山区漕泾镇社区卫生服务中心	57255886	林小文	金山区漕泾镇中一东路 99 号
金山区山阳镇社区卫生服务中心	57241224	高振奇	金山区山阳镇向阳西路 88 号

急救电话:120			
机构名称	电话	法人代表	地址
金山区金山卫镇社区卫生服务中心	67261178－8000	高浩美	金山区金卫镇西静路 367 号
金山区张堰镇社区卫生服务中心	57213280	曹文芳	金山区张堰镇大街 199 号
金山区廊下镇社区卫生服务中心	57391338	张汉英	金山区廊下镇漕廊公路 7887 号
金山区吕巷镇社区卫生服务中心	57371551	陆水均	金山区吕巷镇溪北路 74 号
金山区牙病防治所	57970507	岑惠忠	金山区石化象州路 12 号
金山区眼病防治所	34189990－5294	周晓东	金山区石化龙航路 1508 号
金山卫生学校	57320796	周芬华	金山区朱泾镇东风南路 225 号
金山区血站	57311240	唐健辰	金山区朱泾镇健康路 166 号
金山区医疗救护站	57320400	颜巍	金山区朱泾镇卫生路 46 号

第五节　社区服务中心

金山区事务受理服务中心见表 5.47。

表 5.47　金山区社区事务受理服务中心一览表

单位	服务时间(国家法定节假日除外)	地址	邮编	电话
石化街道	周一至周五 8:30—11:00；12:30—16:30 周六至周日 8:30—11:30	卫零路 485	200540	57952735
朱泾镇	周一至周五 8:30—11:00；13:00—16:30 周六至周日 8:30—11:00	人民路 360 号	201500	57317431
枫泾镇	周一至周五 8:30—11:30；13:00—16:30 周六至周日 8:30—11:00	枫杰路 51 号	201501	57356613
张堰镇	周一至周五 8:30—11:30；13:00—16:30 周六至周日 8:30—11:30	东贤路 951 号	201514	57216581

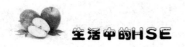

单位	服务时间（国家法定节假日除外）	地址	邮编	电话
亭林镇	周一至周五 8:30－11:30 ；13:00－16:30 周六至周日 8:15－11:15	亭升路 550 弄 33 号	201505	67235408
吕巷镇	周一至周五 8:30－11:00 ；13:00－16:30 周六至周日 8:30－11:30	溪南路 58 号	201517	57377160
廊下镇	周一至周五 8:30－11:30 ；13:00－16:30 周六至周日 8:30－11:30	景乐路 228 号	201516	57391430
金山卫镇	周一至周五 8:15－11:15 ；13:00－16:30 周六至周日 8:15－11:15	古城路 319 号	201512	57260692
漕泾镇	周一至周五 8:15－11:15 ；13:00－16:30 周六至周日 8:15－11:15	中一西路 601 号	201507	57251817
山阳镇	周一至周五 8:30－11:00 ；13:00－16:30 周六至周日 8:30－11:00	亭卫公路 1500 号	201508	57242140
金山工业区	周一至周五 8:30－11:00 ；13:00－16:30 周六至周日 8:30－11:30	恒山路 280 弄 15 号	201512	57277425